발레리노
이야기

사진 찾아보기

- 8   이영철 | 국립 발레단 〈카르멘〉 돈 호세 | 2013 | ©김윤식
- 14   이영철 | 국립 발레단 〈라 바야데르〉 리허설 | 2016 | ©김윤식
- 22   이원설 | 국립 발레단 | 2020 | ©김윤식
- 40   이영철·박슬기 | 국립 발레단 〈Tango〉 | 2014 | ©김윤식
- 64   이유홍 | 국립 발레단 | 2019 | ©김윤식
- 69   이영철 | 국립 발레단 〈봄의 제전〉 스틸 촬영 | 2016 | ©김윤식
- 81   최영규 | 네덜란드 국립 발레단 | 2017 | ©김윤식
- 84   이영철·김리회 | 국립 발레단 〈백조의 호수〉 리허설 | 2014 | ©김윤식
- 89   안주원 | 아메리칸 발레 시어터 | 2020 | ©김윤식
- 92   이영철·장혜림 | 2020 | 사진 박귀섭©BAKI
- 97   이영철 | 국립 발레단 〈라 바야데르〉 리허설 | 2016 | ©김윤식
- 98   이영철·선호현·정호진 | 국립 발레단 〈로미오와 줄리엣〉 로렌스 신부 | 2014 | ©김윤식
- 140 이영철·이은원 | 국립 발레단 〈라 바야데르〉 리허설 | 2016 | ©김윤식
- 158 이유홍 | 국립 발레단 | 2019 | ©김윤식
- 168 이영철 | 발레리노의 발 | 2015 | 사진 박귀섭©BAKI
- 172 이영철 | 국립 발레단 〈봄의 제전〉 파더 | 2016 | ©김윤식

일러두기

- 외국 인명과 지명, 작품 속 캐릭터명은 국문을 우선으로 하되 영문명을 병기했으며, 국립국어원 외래어 표기법을 따르되 필요한 경우 관용적 표기를 따랐다.
- 발레 용어는 프랑스어 발음법에 기초한 《올바른 발레 용어》(이유라·이미라 지음)의 표기법을 따랐다.

발레리노 이야기

The Ballet Class

4

이영철

지음

FLOOR
WORX

들어가며

내 인생에서 만난 발레

"카르페 디엠!"
현재를 즐겨라.

영화 〈죽은 시인의 사회〉에 나오면서 우리에게 익숙해진 이 문장은 무대 위에 서는 모든 이들이 스스로에게 하는 고백과도 같은 말입니다. 아름다운 몸짓을 전달하기 위해 매일 고된 훈련을 해야만 하는 발레리노의 삶에 대해 들어본 적이 있나요? 사실 저는 고되고 힘들다는 생각보다는 매일 발레를 할 수 있는 삶을 무척 사랑합니다.

스무 살.
제 인생 첫 발레 공연을 접한 나이입니다. 발레와의 인연이 시작된 때이기도 하고요. 지금도 그때의 기억을 생생히 묘사할 수 있을 정도로 무대 위에서 춤추는 발레리노의 모습은 마치 세상의 주인공처럼 느껴졌습니다. 아름다운 음악에 맞춰 자신의 몸을 자유롭게 움직이는 무용수의 모습은 저를 발레라는 세상으로 한순간에 이끌었습니다.

낯선 연습복, 연습실 그리고 여자들이 대부분인 공간. 모든 것이 생소했지만 발레는 모든 것을 극복하고 가능하게 만들어 줬습니다. 뻣뻣한 근육을 부드럽게 만들어가면서 어려운 동작을 하나하나 익히는 것은 정말 어려웠습니다. 하지만 매일 반복되는 연습 속에 조금씩 실력이 늘어가는 것을 느낄 때의 성취감은 이루 말할 수 없을 정도로 기뻤습니다. 늦게 시작한 만큼 더 열심히 해야 한다는 생각은 성실함을 키워줬고, 그 끈기와 근성은 저를 꿈꾸는 사람으로 성장시켰습니다.

늦은 시작이 장애가 되지는 않았습니다. 오히려 발판이 됐죠. 그렇게 열심히 살아온 시간이 쌓여 어려운 동작을 할 수 있게 됐고, 어느덧 거울 속 제 모습은 제법 발레리노다운 모습을 갖추게 됐습니다. 그리고 우리나라 최고의 발레단인 국립 발레단의 발레리노로 거듭나게 됩니다. 꿈이 현실이 된 순간이죠.

사실 발레는 참 어렵습니다. 마음처럼 잘 되지도 않죠. 무대 위에서 긴장되는 몸과 마음을 다스리다 보면 수백 번, 수천 번 연습한 동작도 완벽하게 수행하기 어려우니까요. 그래서 더 사랑하게 되는 것 같아요. 우리도 삶에서 어려움을 만나고 극복해내면 더 큰 기쁨을 느끼듯이 발레는 늘 저에게 어렵지만 기쁨을 가져다주는 매력 가득한 존재입니다. 발레와 오랫동안 함께 한 시간만큼 많은 이야기를 이 책에 담고자 합니다. 즐거웠던 순간도 고통스러웠던 순간도 모두 잊을 수 없을 만큼 소중하니까요.

지난 시간을 되돌아보며 즐거웠던 순간, 고통스러웠던 순간, 그리고 무용수로서 걸어오며 세상 무엇과도 바꿀 수 없었던 순간을 나누고 싶습니다.

'삶'이라는 어렵고도 험난한 여정 속에서 발레를 통한 진정한 기쁨을 누리길 바랍니다. 내 자신에 집중하고, 내면의 감정을 표현하는 아름다운 예술은 여러분을 삶의 진정한 주인공으로 만들어줄 거라 확신합니다.

자, 그럼 현재를 즐길 준비되셨나요!

연습실에서 열심히 준비한 나만의 발레를 인생의 무대 위에 올려보도록 하죠. 이제는 음악에 맞춰 춤을 출 시간입니다.

CONTENTS

들어가며
내 인생에서 만난 발레
5

제1장
연습실에서
예비 발레리노가 궁금한 것,
선배 발레리노가 친절하게 알려주마!

발레리노의 신체 조건
18

기본 준비물
23

발레리노의 훈련 과정
32

클래식 발레의 하이라이트, 빠드두
41

매너가 발레리노를 만든다
55

제2장

무대 위에서

무대, 그 이면의 이야기

작품을 만나는 시간

67

아티스트를 만나는 시간

70

무대를 만나는 시간

73

동료와의 시간

75

위기의 시간

79

제3장

삶 속의 무대

퇴근 후에는 감히 일반인을 꿈꾼다

발레리노의 오후 6시

87

무한 에너지 충전기, 가족

90

꿀 같은 시간, 휴가

94

제4장

무대의 무한한 변검술사, 발레리노

작품 속 발레리노의 다양한 캐릭터 분석

시종일관 천진난만 유쾌상쾌통쾌

101

우유부단하며 베일에 싸인 당신, 어쩌면 좋지?

107

일편단심 민들레, 그대만을 생각하는 사랑꾼

115

전지적 작가 시점으로 전체를 보는 숨은 주관자

121

집착을 버리지 못해 악인의 경계에 선 비운의 인물들

127

카리스마의 대명사, 내가 빠질 순 없다

133

제5장

작품의 또 다른 기획자, 안무가

안무의 출발점과 발전의 경로

첫 번째 작품, 〈빈 집〉(2015)
144

안무의 즐거움을 깨닫게 해준 작품, 〈간奸〉(2018)
147

세계관의 확장이라 평가받은 작품, 〈Dance to the Liberty〉(2019)
153

제6장

발레리노에게 묻고 답하다
159

마지막 장

174

제1장

연습실에서

예비 발레리노가 궁금한 것,
선배 발레리노가 친절하게 알려주마!

스무 살 이영철의 연습실.

발레를 처음 배우던 날, 첫 연습을 하던 날, 그날의 기억은 지금도 생생합니다. 낯선 연습실의 공기, 처음 입어보는 타이츠의 촉감, 시선을 어디에 둬야 할지 모르도록 많은 여자 무용수들. 모든 것이 어색하게 느껴졌지만, 큰 설렘으로 다가왔습니다. 처음 바(barre)를 잡고 20도도 채 안 올라가던 나의 다리와 엉거주춤한 모습을 보며, 왜 이렇게 내 몸이 뜻대로 움직여지지 않을까 당황하며 속으로 한참 웃었던 기억이 나네요.

발레는 참 이상한 힘을 지닌 녀석입니다. 발레라는 것을 시작한 그날부터 저의 머리와 가슴속은 발레로 가득하게 되었으니까요. 밥을 먹고, 자는 시간 이외에는 발레 연습만이 제 하루의 일과가 됐습니다.

발레를 향한 제 첫 사랑의 시작은 어설픈 모습이었지만, 마음만은 대단한 열정을 갖고 있었습니다. 학원 수업이 끝나면 친구들과 연습을 하고, 나보다 실력이 좋은 친구에게 부탁을 해서 레슨을 받기도 했고요. 날씨가 맑은 날에도, 궂은 날에도, 몸이 아픈 날에도 저는 늘 발레와 함께했습니다.

그러한 저의 근성은 대학 입학 후에도 이어졌습니다. 공강 시간과 방학은 제 실력을 조금이라도 더 늘릴 수 있는 기회의 시간이었지요. 밤이 깊어지면, 학교의 연습실은 불도 켤 수 없게 됩니다. 이만하면 집에 갈 법도 한데, 저는 창문 밖에서 들어오는 유일한 빛을 벗 삼아, 그림자로 비치는 제 모습을 보며 연습을 했습니다. 그 시절의 열정이 오늘의 저를 만들어준 것 같아요. 이렇게 연습실에서의 시간을 회상하다 보니, 발레의 모든 것이 제 삶 깊숙이 들어와 있음을 느낍니다.

한 남자가 이토록 사랑하는 발레, 발레리노의 세계가 과연 어떨지 조금 궁금해졌나요? 그렇다면 발레리노가 갖춰야 할 조건과 마음가짐, 준비물 등에 대해 하나씩 이야기로 알아보는 시간을 가져볼까 합니다.

발레리노의 신체 조건

어렸을 때, 선생님께서 하신 말씀이 기억에 남습니다.

"바이올리니스트에게 바이올린이 악기라면, 무용수들에게는 신체가 악기다."

그 표현은 지금 생각해도 참 놀라운 비유입니다. 무용수의 신체를 음악가들이 연주를 하기 위해 갖추는 악기에 비유한다면, 몸을 더욱 소중하게 생각하게 됩니다. 발레리노에게 신체란 악기와도 같습니다. 좋은 소리를 내기 위해서 갖춰야 할 조건과 꾸준한 관리가 필요하죠. 과연 발레를 위한 도구로서의 신체를 어떻게 바라봐야 하는지, 그리고 어떻게 신체를 다뤄야 좋은 춤을 출 수 있는지 짚어보도록 하겠습니다.

우선, 발레리노의 신체는 크게 형태적 측면과 기능적 측면으로 나눠서 살펴볼 수 있습니다. 발레리노에게 적합한 신체 조건에서 형태적 측면을 생각하면 가장 먼저 떠오르는 것은 바로 '신체의 비율'입니다. 발레는 서양에서 시작한 예술이기에 기본적으로 서양의 환경적 배경을 따를 수밖에 없습니다.

서양인과 동양인의 신체는 외적으로 눈에 띄게 차이가 납니다. 머리카락색, 피부색, 신체의 비율 등에서 많은 차이를 보이죠. 그중에서도 발레리노에게 제일 큰 영향을 미치는 것은 앞에서 언급한 바와 같이 신체의 비율입니다. 발레리노는 동작을 수행할 때, 손끝에서부터 발끝까지 더 확장시켜 사용하는 방법을 연구합니다. 무대에서 더욱 길고 커 보이기 위해 노력하죠. 그만큼 발레는 상당 부분 눈에 보이는 긴 라인의 아름다움을 추구하는 예술이기 때문에 상대적으로 작은 머리, 벌어진 어깨, 넓고 반듯한 등판, 긴 팔과 상체에 비해 긴 다리, 큰 손과 큰 발, 곧게 펴진 무릎과 곡선을 그리는 아름다운 발등을 신체적 조건에 포함시킵니다. 매우 까다로운 기준이죠. 이러한 형태적 측면의 신체 조건은 발레의 미적 가치를 높이는 데 도움을 줍니다. 하지만 현실에서 이런 조건을 충족시켜주는 완벽한 신체를 가진 사람은 흔하지 않습니다. 춤을 추기 전부터 이런 신체가 기본 악기가 되는 셈이니 참 어려운 일입니다.

힘과 유연성
그리고 결핍이 빚는 성장

발레리노에게 적합한 신체의 기능적 측면에는 어떤 것들이 있을까요? 저는 기능적 측면에서 가장 중요한 요소로 '힘과 유연성'을 꼽습니다. 힘에는 근력, 근지구력, 순발력, 민첩성, 평형성 등 다양한 신체 능력이 포함됩니다. 섬세한 표현과 동작의 극대화를 가능하게 하는 유연성도 빼놓을 수 없죠. 그리고 무엇보다 발레리노에게 중요한 것은 이러한 신체 능력의 균형적인 발달입니다. 한쪽으로 편향돼 발달된 운동 능력은 발레리노에게 오히려 독이 될 수 있습니다.

발레에서 유연성이 중요하다고 해서 근력이 뒷받침되지 않은 상태로 유연성에만 치중한다면 오히려 동작을 표현하는 데 한계가 옵니다. 그래서 저는 근력 운동을 할 때나 순발력 향상 운동을 할 때나 언제나 머릿속으로 운동의 목적을 생각하며, 궁극적으로 더 나아질 춤 동작을 연결하려 노력합니다. 즉, 발레리노에게는 발레 동작을 잘 이해하고 신체의 기능을 조화롭게 발달시키려는 지혜가 필요합니다.

더불어 발레리노가 갖춰야 할 모든 신체적 능력은 음악을 이해하고 해석하는 능력, 즉 '음악성' 위에 존재해야 합니다. 음악성을 기반에 두고 힘과 유연성이 동시에 조화롭게 발달돼야 하는 것이죠. 운동 감각이 아무리 탁월하다고 하더라도 예술적인 표현을 위한 것임을 잊는다면, 발레의 목적을 잃어버리는 것과도 같아요.

발레리노들 사이에서는 이러한 조건들을 갖고 태어난 사람들을 신이 내려주신 사람이라고 부릅니다. 특별히 노력하지 않더라도 신체의 비율이 좋고, 다리의 모양이 예쁘고, 신체적 능력이 뛰어난 사람들을 일컫죠. 그들은 빠른 시간 안에 주목받는 무용수로 성장하기도 하고, 많은 이들에게 부러움의 대상이 되기도 합니다.

하지만 제가 오늘 이야기하고 싶은 것은 '좋은 조건을 타고난 사람만이 발레를 할 수 있다. 그러한 조건이 갖춰지지 않으면 발레를 할 수 없다'가 아닙니다. 훌륭한 조건을 가지고 태어난 많은 사람들이 있지만, 실제로 완벽한 조건을 갖추지 못한 발레리노, 발레리나가 훨씬 많으며, 자신의 단점을 극복하고, 앞으로 나아가는 사람들이 더욱 훌륭한 성장을 이루는 경우가 많다는 것을 말씀드리고 싶습니다.

이상적인 신체 비율이 아님에도 불구하고 자신의 표현력을 끊임없이 연구하고 개발해 세계적인 발레리노가 된 무용수, 키가 작은 것을 극복하고자 빠르게 움직이는 능력을 개발해 독보적인 역할을 맡는 발레리노, 모든 조건이 평범해 존재감이 크지 않았지만 성실함과 즐길 줄 아는 자세로 결국 최고의 자리까지 올라가는 무용수들. 그들의 스토리만 보더라도 그들의 현재는 완벽한 조건이 만들어낸 결과가 아니었습니다. 오히려 결핍이 만들어낸 아름다운 결과였죠.

저는 부족함을 또 다른 장점으로 승화시키는 많은 예술가들을 보며 궁극적으로 예술이 추구하는 바는 눈에 보이는 화려함이 아닌 사람들 내면에 깊은 울림을 주는 것임을 깨달았습니다. 의지와 열정이 만들어내는 견고함은 타고난 조건보다 강한 힘을 발휘할 수 있습니다. 늦게 시작한 발레가 저에게 큰 자양분이 됐듯이, 눈에 보이는 한계에 집중하기보다 가능성에 더욱 집중하길 바라며, 자신의 한계를 뛰어넘는 역사를 써나가길 바랍니다.

기본 준비물

이젠 많은 것들이 자연스러워졌지만, 사실 저에게도 발레를 시작했을 때 낯설고 민망했던 추억이 있습니다. 그 녀석으로 이야기를 시작하는 게 좋겠네요. 아마 발레를 처음 시작하는 분들, 혹은 시작하고 싶지만 이것 때문에 못 하고 있는 분들을 위해서라도 하고 싶은 이야기예요. 바로 민망함의 극치 '타이츠'! 발레리노를 꿈꾸는 이들이 알고 싶어 하지만 누구도 속 시원히 알려주지 않았던 이야기. 발레리노 이영철의 타이츠 극복기로 예비 발레리노에게 조언하고 싶네요. 누구나 처음에는 어렵고 어색하지만 이것을 갖춰 입어야 하는 이유를 말이죠.

타이츠는 남성 무용수의 화려한 동작과 기교 그리고 아름다운 육체를 잘 드러나 보이기 위해 입습니다. 저는 타이츠가 정말 싫었습니다. 발레리나 하면 아름다운 포인트 슈즈, 튀튀, 형형색색의 의상이 있는데, 도대체 왜! 남자인 발레리노는 저 민망한 쫄쫄이, 타이츠를 입어야 하는지 도무지 받아들여지지 않았습니다. 물론 요즘은 레깅스가 유행하면서 남성들에게도 익숙한 패션으로 자리 잡았지만, 제가 처음 무용을 시작하던 때만 해도 남자들이 딱 붙는 타이츠만 입고 발레 연습을 한다는 것은 문화적 충격으로 다가왔습니다.

저는 학원 선생님께 발레보다는 현대 무용을 하고 싶다고 말씀드리고(feat. 타이츠가 부끄러워 현대 무용가가 될 뻔 했던 비밀스러운 사연), 발레를 해야 하는 날이면 타이츠를 두 배나 큰 사이즈로 골라서 입었습니다. 타이츠보다는 좀 몸에 붙는 스키니 트레이닝복 같은 느낌을 내고 싶었던거죠. 조금이라도 덜 민망한 방법을 찾기 위해 꼼수를 쓴 겁니다. 타이츠를 입을 때마다 깊은 한숨을 쉬고, 누가 저의 신체를 훑어보기라도 할까 조마조마한 마음이 쉽게 사라지지 않았습니다.

그러던 어느 날, 저는 국립 발레단의 〈해적〉(Le Corsaire) 공연을 보러 갔습니다. 당시 이원국, 김용걸, 김주원, 김지영이 발레계의 스타로 왕성한 활동을 하던 시기였습니다. 화려한 무대와 조명, 수많은 관객들의 박수를 받으며 등장한 발레리노의 모습은 정말 환상적이었습니다. 그들이 입은 타이츠가 민망하고 어색한 것이 아닌, 정말 멋진 의상으로 느껴졌어요. 발레리노의 훌륭한 다리 라인과 자신감 넘치는 동작들, 섬세한 근육의 움직임들 하나하나가 저에게 전율을 일으켰습니다. 그 순간 오히려 타이츠에 민망함을 느꼈던 저의 생각이 진부하게 느껴지더군요.

공연이 끝나자 저는 발레리노들을 조금 더 가깝게 보기 위해 극장 밖에서 그들이 나오기를 기다렸습니다. 저는 또 한 번 그들의 모습에 반하고 말았습니다. 일상복을 입은 발레리노의 멋진 자세와 품위 있는 발걸음에서 그들의 무대가 자연스럽게 떠오르더군요. 결국 발레리노는 제 꿈이 돼버렸습니다.

발레리노가 되겠다는 다짐을 한 그날 이후, 저는 몸에 꽉 끼는 타이츠를 자부심으로 느끼며 입게 됐습니다. 무용수들에게 이토록 중요한 타이츠. 골프선수가 골프복을 입고, 수영선수가 수영복을 입듯이, 발레리노가 발레리노의 몸을 잘 보여주고, 멋진 동작을 가능하게 도와주는 발레 타이츠를 입는 것은 참 자연스러운 일이죠. 타이츠의 기능과 종류에 대해서 알게 되면 조금 더 편안하고 익숙해지는 데 도움이 되리라 생각하며, 지금부터 타이츠에 대해 간단한 상식을 살펴보도록 하겠습니다.

타이츠 종류   발레 타이츠(tights)는 유럽 사람들의 전통 복식에서 유래됐습니다. 발레 무용수들의 근육을 보다 섬세하게 만들어주고, 정확한 동작을 할 수 있게 돕는 매우 중요한 의상입니다. 배움의 시기마다 타이츠를 입는 방식이 조금씩 다르고, 타이츠의 모양과 색깔에 따라 그 기능 또한 달라져요. 먼저 발레 타이츠를 입는 방식에 대해서 말씀드릴게요.

타이츠를 입는 방식은 크게 세 가지 유형으로 나눌 수 있습니다.

첫 번째, 발레의 입문자나 학생들은 상의 레오타드(leotard, 여성용 수영복처럼 생긴 발레복)와 하의 타이츠를 나누어 입습니다. 이때 레오타드를 먼저 입고, 하의 타이츠를 그 위에 입는 것이 바른 순서입니다. 처음 시작하는 분들은 무엇을 먼저 입어야 할지 헷갈려서 가끔 거꾸로 입고 나오는 상황이 발생하기도 합니다. 그럴 경우 많은 동료 발레리나들이 '푸흡!' 하고 웃을 수 있다는 사실을 기억하고 꼭 상의 레오타드를 먼저 입고 그 위에 하의 타이츠를 입길 바랍니다.

두 번째, 일반 남성 무용수들은 상·하체가 연결돼 있는 유니타이츠(유니타드)를 입거나, 하의는 타이츠를 입고, 상의는 티셔츠를 입는 방식이 있습니다. 지도 선생님들이 특별히 제한을 두지 않는 한 자신이 자유롭게 선택해서 입습니다. 타이츠를 입는 방식이 춤에도 섬세하게 영향을 미치기 때문에 성인이 된 발레리노는 그날 기분에 따라 타이츠의 스타일을 골라서 입습니다.

마지막으로 세 번째, 반바지 형태의 타이츠입니다. 무용수 입장에서 매우 편안하기 때문에, 보다 자유로운 춤을 연습하거나 컨템포러리 발레 작품을 연습할 때 주로 입습니다. 편안하다는 장점이 있지만, 몸을 조여주는 긴장감은 다른 타이츠에 비해 부족합니다. 클래식 작품을 준비할 때에는 이 점을 기억하고 적절한 연습복을 입도록 합시다.

타이츠의 색상별 차이 아마도 여러 색깔의 타이츠를 입어본 경험이 있는 분들은 이미 알 수도 있습니다. 흰색 타이츠와 검은색 타이츠의 차이를 말이죠. 검은색 타이츠를 입은 날이면, 몸이 더욱 가볍게 느껴지고 거울 속에 비친 자신의 라인이 더 날렵하게 보이지 않던가요? 타이츠의 색깔에 따라서 발레리노가 느끼는 기분과 춤의 질감은 매우 다릅니다. 그럼 단순히 색상 차이를 넘어서 또 어떤 점들이 다를까요?

- **흰색 타이츠**

일상생활에서도 흰색 옷을 입으면, 더욱 화사하고 밝은 에너지를 느낄 수 있듯이 흰색 타이츠에는 밝은색에서 느껴지는 긍정의 에너지가 있습니다. 또한 밝은 색 덕분에 신체 라인과 근육의 생김새 그리고 정확한 자세를 볼 수 있다는 장점이 있습니다. 하지만, 흰색은 빛의 반사 성질로 인해 다리를 두껍게 보이게 만듭니다. 또한 신체의 단점이 명확하게 보이기 때문에, 흰색 타이츠를 입은 날은 괜스레 몸이 더욱 무겁게 느껴지기도 합니다. 발레 전공생들의 입시 실기 시험에서 남자 응시생에게 흰색 타이츠를 입으라고 하는 것도 더욱 혹독한 기준으로 보기 위함입니다. 고강도 훈련을 수행하고 정확한 자세와 동작을 연습하기로 마음을 먹었다면, 학구적 스타일의 흰색 타이츠를 착용해보도록 하세요. 아마 그 효과는 매우 확실할 겁니다.

- **검은색 타이츠**

검은색 티셔츠와 바지를 입고 약속 장소에 나간 날, 친구들이 '너 살 빠졌어?' 하고 물어본 적 없나요? 내 몸무게는 그대로인데, 검은색 옷을 입은 날 그런 이야기를 들어본 경험이 누구나 한 번쯤은 있을 겁니다. 바로 검은색이 주는 힘이 아닐까 싶어요. 발레에서도 검은색 타이츠를 입은 날이면 춤이 참 가벼워집니다. 거울 속에 비친 신체 라인이 더욱 날렵해 보이고, 길어 보이는 효과 때문인지 내 춤의 단점보다는 장점이 두드러져 보이는 신기한 경험을 하게 됩니다. 프로 무용수들이 연습할 때 검정 타이츠를 가장 많이 선호하는 이유도 바로 여기에 있습니다. 그러나 흰색 타이츠에 비해 정확한 자세와 근육의 움직임들을 파악할 수 없어요. 발레를 배우는 과정의 학생들과 중요한 작품을 연습하는 발레리노라면 타이츠의 색깔도 적절히 선택해서 연습할 것을 권유합니다.

막간 미션 | 작품 속 발레리노 캐릭터의 타이츠 색상을 맞춰라.

Q1. 우아한 성격의 캐릭터는 (　)의 타이츠를 입는다!

〈백조의 호수〉 중 지그프리드, 〈잠자는 숲속의 미녀〉의 데지레 왕자 등 클래식 발레 작품의 왕자 또는 그랑파 클래식 빠드두처럼 자로 잰 듯 정확한 기교를 보여줘야 하는 캐릭터는 (　)의 타이츠를 입습니다. 정교한 스텝과 테크닉이 돋보일 수 있도록 도와주는 이 타이츠의 색상은 무엇일까요?

Q2. 카리스마가 넘치는 캐릭터는 (　)의 타이츠를 입는다!

〈백조의 호수〉 중 악마 로트바르트, 롤랑 프티 〈카르멘〉의 돈 호세, 〈로미오와 줄리엣〉의 티볼트와 같은 캐릭터들은 (　)의 타이츠를 착용해, 날렵한 움직임과 강렬한 인상을 보여줍니다. 카리스마의 끝판을 보여주는 이 타이츠의 색상은 무엇일까요?

Q3. 스페인을 상징하는 〈돈키호테〉의 바질, 크리스마스의 호두병정을 연기하는 〈호두까기인형〉의 왕자는 (　)의 타이츠를 입는다!

〈돈키호테〉의 바질과 〈호두까기인형〉의 왕자가 입는 (　)의 타이츠는 캐릭터의 이미지를 더욱 풍부하게 해주고, 한눈에 관객의 시선을 사로잡는 역할을 합니다. 주인공을 아주 매력적으로 보이게 해주는 이 타이츠의 색상은 무엇일까요?

Q4. 〈지젤〉의 알브레히트는 (　)의 타이츠를 입는다!

지젤 뒤에서 연기하는 알브레히트는 (　)의 타이츠를 입습니다. 새벽을 상징하는 무대의 배경색과 잘 어울리는 (　)은 남자 주인공의 다리가 잘 보이지 않게 하여 지젤이 윌리(귀신)가 돼 공중에 떠다니는 것을 연출하는데 도움을 줍니다. 이 타이츠의 색상은 무엇일까요?

A1. 흰색 | A2. 검정색 | A3. 빨강색 | A4. 남보라색

댄스 벨트

댄스 벨트(dance belt)는 타이츠를 착용해야 하는 발레리노에게 빼놓을 수 없는 매우 중요한 의상 요소입니다. 일반적으로 서포트(support)라고 불리며, 발레리노에게는 속옷과도 같지만, 형태와 기능은 보통의 속옷과는 완전히 다릅니다. 우선 형태는 T팬티와 유사합니다. 하지만 서포트는 움직임이 많은 무용수의 몸 가장 안쪽에 입는 옷으로 몸을 단단하게 고정하기 위해 허리 부분이 굵고 튼튼한 밴드로 만들어져 있습니다. 앞쪽 부분은 남성들의 중요 부위인 '그곳'을 보호하기 위해 두툼한 면 소재로 볼록하게 쿠션 처리를 했으며, 뒷쪽 부분은 T팬티의 형태를 갖춰 얇은 소재의 타이츠를 입는 발레리노의 몸 선을 더욱 매끄럽게 표현시켜줍니다.

서포트를 입는 이유는 단순히 모양과 형태적 기능을 높이려는 것이 아닙니다. 남성의 신체 구조는 여자와 다릅니다. 혹시라도 중요 부위인 '그곳'이 통제되지 않고 움직이면 춤에 대한 몰입을 방해할 수 있죠. 또한 두 다리를 순간적으로 모아서 회전하는 뚜르 앙 레르(tour en l'air)와 같은 동작을 수행할 때 예상치 못하게 '그곳'이 다리 사이에 끼면, 사고를 유발할 수 있기 때문에 부상을 방지하기 위해서라도 반드시 착용해야 합니다. 두꺼운 밴드와 답답한 패드로 인해 처음에는 착용감이 불편할 수 있지만, 발레리노에게 매우 중요한 요소임을 기억하고, 잘 적응하길 바랍니다. 색깔은 검정, 흰색, 베이지인데 타이츠 색깔을 따라가지 말고 본인의 피부색에 맞추는 것이 가장 무난합니다.

티셔츠 보통 어린 학생이나 예비 발레리노는 흰색 레오타드를 입거나 몸에 딱 맞는 티셔츠를 입습니다. 기본기를 만들 때 상반신을 잘 보이도록 하는 것은 상체의 움직임을 지도하는 데 매우 중요한 요소이기 때문이죠. 성인 발레리노에게는 레오타드가 필수적인 요소는 아닙니다. 오히려 꽉 조이는 불편함 때문에 연기에 방해가 돼 레오타드 대신 자신의 몸에 편하고 잘 맞는 티셔츠를 선호합니다. 티셔츠를 입더라도 품이 넉넉한 것보다는 신체의 라인을 잘 드러내도록 몸에 꼭 맞는 사이즈를 입어요. 개인적인 선호도에 따라서 조금 더 작은 사이즈나 여성 사이즈의 티셔츠를 늘려서 입기도 합니다. 최근에는 몸에 잘 맞는 기능성 래시 가드를 연습복으로 입는 발레리노도 점점 늘고 있습니다.

발레리노에게 티셔츠는 라인을 잘 드러나게 할 뿐 아니라 신체를 보호하고, 자신의 개성을 표현하기도 하며, 작품 리허설에서는 역할에 몰입하는 데 도움을 주는 수단이기도 합니다. 발레리노들은 역할에 몰입하기 위해 티셔츠의 질감과 디자인을 신중하게 결정하여 선택합니다. 예를 들어, 로미오와 같은 역할을 맡으면 조금 여유 있게 흘러내리는 듯한 원단과 밝은 색감의 티셔츠로 로맨틱한 분위기를 만들고, 카리스마 있는 강한 역할을 맡을 때는 몸에 붙는 어두운 계열의 티셔츠로 자신의 외적인 분위기를 연출해 연습에 임합니다.

발레 슈즈 발레리노가 슈즈를 착용하는 가장 큰 목적은 발을 보호하는 것입니다. 더불어 슈즈는 발레의 동작을 잘 수행하기 위해서 반드시 필요한 발레리노의 신발이기도 합니다. 슈즈 바닥에는 충격을 완화시키고 발바닥의 마찰을 줄이기 위한 패드가 붙어 있으며, 발등 쪽은 천 혹은 가죽으로 구성돼 있습니다. 발레리노들에게 발의 모양은 미적으로도 매우 중요한 부분이기에 슈즈를 고르는 방법도 개인의 차이가 있습니다.

슈즈를 구입할 때에는 브랜드에 따라서 재질과 모양을 고르기도 합니다. 브랜드마다 천의 두께나 질감, 색감이 다르니 본인에게 잘 맞는 것을 찾아야 합니다. 착용했을 때 넉넉한 사이즈보다 조금 꼭 맞는 사이즈를 추천합니다. 발가락이 살짝 구부러지는 느낌이라면 적당한데요. 천과 가죽은 늘어나는 성질이 있기 때문에 슈즈를 신고 몇 시간만 연습하면 자신의 발 모양에 꼭 맞게 늘어납니다.

발레리노에게 발의 모양과 발등의 높이(발등고)는 다리 라인을 결정짓는 매우 중요한 요소입니다. 따라서 슈즈는 발레리노에게 매우 민감한 부분이기도 합니다. 하지만 예쁜 슈즈를 신는 것보다 바뜨망 땅뒤(battement tendu)와 같은 동작을 수백 번, 수천 번 연습해 낡고 헌 슈즈와 그 고된 연습에서 나오는 발의 느낌이 더 중요합니다.

발레리노의 훈련 과정

발레를 하기 위한 모든 준비를 마쳤다면 본격적으로 연습실 문을 열어보겠습니다. 몸을 도구로 쓰는 모든 예술과 운동에서 가장 중요한 것은 바로 워밍업(warming up)입니다. 문자 그대로 몸을 따뜻하게 만들어 부상을 방지하고 더욱 훌륭한 동작을 수행하기 위해 필수적인 단계라 할 수 있는데요. 몸을 준비시키는 것뿐만 아니라, 마음과 정신을 하나로 모아서 그날의 연습이 잘될 수 있도록 자신에게 집중하는 시간이기도 합니다.

저는 지금도 클래스를 시작하기 전에 자전거 타기 같은 유산소 운동으로 시작해 발목 및 복근 부위의 근력 강화 운동을 합니다. 그리고 몸의 피로도와 컨디션을 살펴보며 몸과 정신의 감각들을 깨우죠. 그런 다음 오늘도 좋은 연습이 될 수 있도록 마음을 다잡고 연습실로 향합니다. 깊은 호흡과 함께 오늘도 춤출 수 있음에 감사하는 마음으로요. 이렇게 몸과 마음을 따뜻하게 준비했다면 본격적인 연습과 훈련이 시작됩니다.

발레리노도 발레리나와 마찬가지로 매일 바 워크와 센터 워크로 동일한 클래스를 수행합니다. 여기서는 매일 하는 훈련 과정 중 몇 가지의 주제에 대한 제 생각을 정리해 알려드리고 싶네요. 물론 발레리노로서 갖춰야 할 중요한 부분들이기도 합니다. 그렇다면 열기 가득하게 땀이 흐르는 연습실 풍경을 머릿속으로 그리며 발레리노 연습 세계의 문을 열어봅시다.

5번 포지션의 중요성 "발레는 5번 포지션(5th position)으로 시작해 5번 포지션으로 마무리된다." 저는 가끔 학생들에게 이렇게 이야기하며 5번 포지션의 중요성을 강조합니다. 클래식 발레에는 1번부터 5번까지의 다섯 가지 발 포지션이 있습니다. 이 사실은 발레를 하는 사람이라면 모두 알고 있는 기본 정보이기에 여기서는 설명을 생략할게요. 다만 이 중에서 5번 포지션의 중요성만큼은 꼭 이야기하고 싶습니다. 5번 포지션은 발 포지션 중 가장 어려우며, 무엇보다 발레에서 예술성 있는 동작을 표현할 때 늘 사용하는 동작이자 많은 발레리노들이 완벽하게 수행하기 위해 노력하는 포지션이죠.

4년간의 대학 생활을 마치고 국립 발레단에 입단해 3년 정도 프로 무용수 생활을 지속할 때쯤이었습니다. 당시 저는 발레의 새로운 국면을 맞이하게 됩니다. 늦게 발레를 시작한 탓에 아무리 열심히 해도 기본기에 대한 갈증이 쉽게 해갈되지 않던 시기였죠. 당시 유니버설 발레단에서 마린스키 발레단 출신 마스터들이 바가노바 메소드(Vaganova method)[1]로 수업을 진행한다는 이야기를 듣고 저는 부족한 기본기를 채우고 싶은 마음에 발레단을 옮기기로 결심합니다. 나름대로 3년 동안 쌓아온 실력으로 인

---

[1] 러시아 무용 교사 아그리피나 바가노바(Agrippina Vaganova)가 창안한 교육법으로 무용수의 내면과 표현력을 강조하며, 섬세하고 정확성에 중점을 두는 것이 특징이다. 흔히 클래식 발레의 문법으로 통한다.

정받고 있었기에 약간의 자신감과 자부심을 안고 새로운 마음으로 출근을 하게 됐는데, 첫 클래스에서 5번 포지션에 대해 지적받게 됐습니다.

"영철, 5번 포지션이 부족해. 몸속 근육 하나하나가 그 자세를 만들 수 있어야 좋은 춤을 출 수 있어!"

마스터의 그 말은 제게 너무나 충격이었습니다. 전문가가 보기에 제가 해왔던 5번 포지션은 어설프고, 형식적 동작에 불과했던 거죠. 그 후로 발레 작품에 나오는 수많은 동작들이 5번에서 시작해 5번으로 마무리되는 것을 이해하며, 5번 포지션의 중요성을 깨닫게 됐습니다. 몇 년간 연습해온 포지션을 새롭게 이해하며, 저는 클래스마다 5번을 거쳐가는 모든 동작을 더욱 섬세하게 연습했습니다. 그 연습의 결과가 저의 춤을 더욱 견고하고 정확하게 만들어줬고, 발전된 5번 포지션을 통해 근육과 신경의 섬세함이 배가됐습니다. 물론 과도한 턴 아웃(turn out)으로 관절에 무리가 갈 만큼 연습한 날은 훈련을 마치고서 양쪽 발목의 통증으로 인해 힘든 적도 있었습니다. 하지만 수없이 반복한 연습의 시간은 결국 무용수의 신체를 단련시켜줄 뿐만 아니라 춤의 수준을 높여줬습니다.

발레리노의 다리와 발끝으로 공간에 그림을 그린다고 상상해보세요. 춤을 추며 한 발, 한 발 딛는 곳마다 우리의 시간과 역사가 그려지는 것입니다. 연습실에서 보여준 무한한 그림을 다리로 그리며, 이 순간을 춤과 함께 살아간다고 상상하면 발레리노의 삶이 정말 멋지지 않나요?

**감정 표현의 시작,
뽀르 드 브라**
'하루에 뽀르 드 브라(port de bras)만 집중해

서 30분씩 연습하자. 딱 석 달이다.'

누가 시킨 적도 없고, 나의 뽀르 드 브라를 지적한 적도 없었습니다. 그런데 어느 날 이런 생각이 들더군요. 어렵다고 느껴본 적 없는 뽀르 드 브라지만 상체의 감각에 집중해 매일 꾸준히 연습한다면, 상체의 표현이 더 아름다워질 것 같다고요.

거울을 보며 앙 바(en bas), 앙 아방(en avant), 앙 오(en haut), 알라 스꽁드(à la seconde), 알롱제(allongé), 아롱디(arrondi)를 순차적으로 그려나갔어요. 단순한 순서지만 호흡과 함께 근육을 섬세하게 느끼고, 보다 정확한 자세를 찾으며 30분이란 시간을 흘려보냈죠. 뽀르 드 브라만 집중해 연습하는데도 온몸에 땀이 날 정도가 되니 상체와 하체는 결국 함께해야 한다는 것을 느끼게 됐습니다. 이 시간을 한마디로 정의하자면, 뽀르 드 브라 정리의 시간이었던 것 같아요.

몇 달 뒤 후배가 제게 오더니 "형, 뽀르 드 브라가 정말 좋아요" 하고 툭 던지는 한마디에 날아갈 듯 기뻤습니다. 그날 이후로 뽀르 드 브라 연습이 더욱 즐거워졌어요. 하루에 30분이면 짧은 시간이라 느껴질 수도 있지만 저는 매일 꾸준히 연습하는 것에 목표를 두고 그 시간을 즐겼어요. 최근에도 클래스를 하고 있는데 강수진 단장님이 "영철 씨의 뽀르 드 브라는 참 좋습니다" 하고 말씀해주시더라고요. 저는 그 3개월의 시간이 떠올랐습니다. '내 몸에 쌓인 시간, 그 땀과 정성이 내 몸에 그리고 내 춤에 배어 있구나' 하는 생각에 절로 미소가 묻어났습니다.

발레에는 화려한 기술과 고난도로 이루어진 하체 동작도 많이 있지만, 결국 이러한 테크닉을 표현하기 위해서는 상체의 표현력이 매우 중요합니다. 언어 없이 내면의 이야기를 몸짓으로만 전달해야 하는 발레리노에게 상체의 동작과 표정, 감정은 관객과 만나 대화할 수 있는 가장 중요한 표현 수단이죠. 감정 표현의 시작이라 해도 과언이 아닐 만큼 많은 의미를 전달할 수 있는 상체의 뽀르 드 브라, 마음속 이야기를 담아 음악과 함께 상체 동작의 연습도 꼭 해보길 바랍니다.

남성 테크닉 연마하기, 뚜르 앙 레르

발레리노의 특징적인 움직임을 표현하는 동작으로는 뚜르 앙 레르(tour en l'air), 마네쥬(manège), 꺄브리올(cabriole), 쏘 드 바스끄(saut de basque), 그랑 롱드 쥬떼(grand rond jeté)와 같은 다양한 테크닉이 있습니다. 무대 위에서 화려한 기술을 보여주는 남성 무용수들의 에너지를 볼 때면 박수가 절로 나올 만큼 대단하게 느껴지죠. 저 역시 발레를 처음 배울 때부터 그러한 동작들을 해보고 싶은 욕구가 있었습니다.

한국 발레리노들은 고난도 테크닉 동작들을 비교적 빨리 시작하는 편입니다. 외국의 경우 체계적인 시스템의 발레 학교에서 기본기를 탄탄하게 익힌 후에 테크닉 요소를 배운다면, 한국에서는 친구들과 선배들끼리 재미 삼아 연습하는 것을 시작으로 배우게 되죠. 더불어 입시 제도로 인한 작품 위주의 훈련이 테크닉 위주의 발레 교육 흐름을 만들어냈습니다. 어찌 보면 한국의 발레가 비약적으로 발전할 수 있었던 이유도 한국 발레리노들의 뛰어난 테크닉 덕분이기도 합니다. 하지만 이러한 부분에 대해 문제점도 많이 지적돼왔어요. 발레의 꽃인 테크닉은 자첫 어린 학생들로 하여금 테크닉 만능주의를 만들어내기도 합니다. 기본기와 예술성을 함께 기를 수 있도록 교육이 돼야 하는데 테크닉만을 위한 연습은 상대적으로 예술성의 결여로 이어질 수밖에 없어요. 더불어 기본기가 없는 상태에서 무리하게 테크닉을 시도하다가 부상당하는 일도 빈번하고, 완성도가 떨어지는 동작을 나열하는 데 급급한 모습에 대해 우려의 목소리도 커지고 있습니다. 그러한 까닭에 최근에는 기본기와 테크닉을 동시에 강조하면서 균형을 이뤄나가도록 교육하는 추세입니다.

저에게 있어서 테크닉 요소 동작의 시작은 '뚜르 앙 레르'였습니다. 공중에서 두 바퀴를 돌아 착지하는 동작입니다. 대학 입학 후 선배들의 동작을 눈여겨보며 독학으로 시작했고, 조금 더 일찍 터득한 선배들의 도움을 받아 다양한 방법으로 배워갔습니다. 남자들은 어린아이 같은 성향이 있어서, 단순하지만 어려운 이 동작을 놀이 삼아 수없이 돌고 뛰기를 반복하며 연습해요. 가끔은 배틀을 할 만큼 테크닉 연습을 즐기죠. 그렇게 하나둘 터득하면서 자신감을 얻어 더 어려운 테크닉들을 구사하기 위해 노력을 멈추지 않아요.

그러나 이런 과정을 거쳐 연습한 테크닉은 완성도가 떨어지는 경우가 대부분입니다. 공중에서 두 바퀴를 돌았다는 결과에 도취되다 보면, 그 동작이 얼마만큼 정확하고 안정감 있게 표현됐는지 생각하지 않게 돼요. 얼마 가지 않아 선생님께 기본기와 더불어 테크닉의 완성도에 대한 지적을 받기 일쑤죠. 결국 테크닉의 완성 또한 기본기라는 순환 구조를 깨닫게 됩니다.

사실 남자 무용수라면 대부분 공중에서 두 바퀴를 회전할 정도의 힘과 탄력은 지니고 있습니다. 즉, 누구나 할 수 있다는 뜻입니다. 하지만 얼마만큼 정확하고 안정적이며 아름답게 테크닉을 표현하느냐는 다른 문제입니다. 제가 학생들을 지도할 때 테크닉을 잘 표현할 수 있도록 강조하는 부분은 두 가지입니다. 정확한 포지션 및 물리적 법칙을 활용한 힘의 사용법이죠. 회전 동작이라고 해서 신체를 힘 있게 돌리려는 회전에만 집중하다 보면 자세가 망가집니다. 준비 자세에서 시작해 도약, 회전 그리고 안정적인 착지까지 모두 한 동작이라고 생각하고 턴을 도는 쪽으로 힘을 실어 공중에서 정확하게 축을 세우는 것을 잊지 말아야 합니다. 더불어 이 동작을 수행하기 위해 코디네이션, 즉 점프를 돕기 위한 쁠리에(plié), 호흡, 팔의 운동성 및 도약점이 완벽하게 조직적으로 움직일 때 효율성과 효과성의 최대치를 이끌어 낼 수 있습니다.

발레 테크닉은 성공과 실패의 끊임없는 반복으로 완성됩니다. 어제 분명히 잘돼서 확신을 가져도 어느 날 갑자기 그 감각을 잃어버리기도 하죠. 이때는 다시 기본적인 움직임으로 돌아가 하나하나 되짚어가며 연습해야 합니다. 인내심을 갖고 반복하다 보면 이전에 했을 때보다 더욱 발전하게 되는 자신을 만날 수 있어요. 사실 테크닉을 수행할 때 중요한 점은 정말 많습니다. 그리고 사람마다 체형과 편하게 느끼는 방식이 다르기 때문에 일일이 열거하는 것도 어렵죠. 하나의 방법으로 모두에게 옳은 방법이라고 말하기는 무리입니다. 그렇기 때문에 많은 연습을 통해서 자신만의 길을 찾는 것이 바람직하며, 머리가 아닌 몸이 기억할 수 있도록 꾸준한 연습을 하는 것만이 테크닉을 연마하는 최상의 길입니다.

방심은 최대의 적입니다. 내 감각을 믿고 춤추며 연습을 하다 보면 내가 생각하는 상상 속의 나와 녹화된 영상 속의 내가 무척 다른 것을 느낄 때가 있습니다. 그래서 보통 자신이 춤추는 영상을 보면 어색하거나 실망할 때가 많죠. 마치 자신의 목소리를 처음 녹음해서 들었을 때의 어색함과 비슷합니다. 이상과 현실의 괴리는 분명 존재합니다. 본인의 감각을 너무 믿지 않고 계속 체크해가며 머리가 아닌 몸이 기억할 때까지 수백 번, 수천 번 반복 연습하는 과정은 필수입니다.

같은 동작을 수없이 반복 연습해 자동적으로 몸이 반응할 때 비로소 몸의 기억이 생깁니다. 그러면 새로운 감각이 깨어나서 그동안 느끼지 못했던 것을 깨달을 때가 있습니다. 이렇게 새롭게 알게 된 근육 움직임의 섬세한 감각으로 춤을 추면 다른 동작들과 응용도 할 수 있어 춤의 전체적인 조화를 이룰 수 있습니다.

클래식 발레의 하이라이트, 빠드두

클래식 발레의 꽃 중의 꽃인 그랑 빠드두(grand pas de deux)는 1800년대 중반부터 안무가로 활약한 마리우스 프티파의 가장 중요한 업적입니다. 일반적인 2인무를 뜻하는 빠드두(pas de deux)에 '크다'라는 의미의 그랑을 붙여서 [듀엣 아다지오 - 남자와 여자의 각자 솔로 - 코다]와 같이 하나의 화려한 구성으로 이뤄져 있습니다. 그랑 빠드두를 연습하기 위해서는 남녀 2인무인 빠드두 훈련이 매우 중요합니다. 발레의 빠드두는 존중과 배려 없이는 이루어질 수 없는 작업입니다. 발레리나의 아름다운 동작과 안전을 동시에 책임지는 발레리노의 기술이 매우 중요하기 때문이죠. 파트너십이 불안하면 부상으로 이어질 수 있기 때문에 기술은 물론 파트너에 대한 신뢰와 에티켓을 더욱 엄격하게 관리해야 합니다.

그렇다면 최고의 빠드두는 무엇일까요? 파트너의 허리를 잡고 열 바퀴 이상 회전을 시켜주는 것일까요? 아니면 파트너를 머리 위로 가볍게 들어 올려 화려한 기술을 보여주는 것에 불과할까요? 빠드두를 생각하면 참으로 화려하고 멋진 기술들이 머릿속에 떠오릅니다. 저 역시 처음 빠드두를 배울 때 이런 상상에서 시작했습니다. 하지만 빠드두의 시작은 화려한 테크닉의 표현이 아닙니다.

빠드두의 준비 과정

빠드두의 기본을 간단하게 단계별로 정리해보겠습니다.

1단계는 바로 발레리나의 '중심 느끼기'입니다. 우선 발레리노 입장에서 포인트 슈즈를 신은 발레리나의 중심을 손바닥과 몸을 이용해 느껴보세요. 파트너의 무게중심을 이해하고, 상대방의 움직임을 관찰하는 과정입니다. 다시 말해 무게중심, 리듬을 타는 방식, 움직임을 수행하는 등 모든 기능이 다른 두 명의 무용수가 서로 조화를 이뤄 고난도의 동작을 표현하기 위해 반드시 필요한 과정이죠. 저는 이것을 빠드두의 기본이라고 말합니다. 이때 발레리노는 발레리나가 자유롭게 연기할 수 있도록 중심축을 잘 잡아줘야 합니다. 중심축이 어느 한쪽으로 기울어지게 되면 발레리나의 동작이 불편해지고, 또한 발레리노의 손에 많은 힘이 들어가게 돼서 다음 동작을 수행하는 데 어려움을 느끼게 됩니다.

2단계는 바로 자립심 기르기입니다. 갑자기 빠드두에서 왜 자립심에 대해서 이야기하는지 궁금하지 않나요? 파트너십은 상대에게 무조건 의지하는 것이 아닙니다. 파트너가 없다고 생각하고 혼자 동작을 수행해도 가능할 만큼 독립적이고 자립적인 생각으로 빠드두를 훈련해야 합니다. 서로에게 의지만 한다면 빠드두에서 일어나는 모든 실수를 상대에게 돌리게 됩니다. 나의 움직임에 책임감을 갖고 상대의 호흡과 맞춰서 춤을 출 때 비로소 이상적인 라인과 조화로움을 찾아낼 수 있습니다.

3단계는 바로 배려와 존중입니다. 숙련된 무용수들은 빠드두에서도 각자의 동작을 잘 수행하고, 간혹 파트너의 실수가 있더라도 능수능란하게 대처하며 연기를 펼쳐나갑니다. 무대 위에서는 수많은 상황이 벌어질 수 있습니다. 이때 배려와 존중의 마음을 가진 무용수라면 그것을 극복할 수 있는 기지도 발휘할 수 있어요. 하지만 제아무리 뛰어난 무용수들이 파트너가 돼도 서로 자신의 의견만 내세우다 보면, 불필요한 에너지를 소모하게 됩니다. 결국 조화로운 빠드두 동작을 기대하기 어려워지고, 나아가 자신의 솔로 바리에이션에도 좋지 않은 영향을 미치게 됩니다.

빠드두 파트너의 이상적인 신체 조건

일반인에게 이상적인 남자와 여자의 키의 비율은 어떻게 될까요? 여기서 이상적이란 말에 모순이 있습니다. 이상적인 것에 대한 판단은 누가 기준이 되느냐에 따라 달라지니까요. 무엇이 이상적인지에 대한 판단 기준은 그 시대를 관통하는 사상과 문화에 따라 달라집니다. 그럼 몇 세기에 걸쳐 발전해온 발레에서는 어떨까요? 정확한 역사적 배경과 과학적 근거를 두고 말할 수는 없지만 일반적으로 발레에서는 남자 무용수의 키가 여자 무용수보다 커야 합니다. 발레리나가 포인트 슈즈를 신으면 10센티미터 이상 커지고, 대부분 발레리노가 발레리나를 받쳐줘야 하는 동작으로 많이 구성돼 있기 때문이죠. 실제로 한국의 발레리나 중 키가 180센티미터 이상인 발레리나는 한국에서 파트너 발레리노를 만나기 어려웠던 경우도 있었습니다.

20년간 춤을 춘 경험에 비춰볼 때 빠드두를 하기에 수월한 발레리노와 발레리나의 키 차이는 약 15~20센티미터 정도입니다. 대부분의 여성은 골반 쪽에 무게중심이 자리합니다. 발레리나가 포인트 슈즈를 신고 올라왔을 때, 무게중심인 여자의 골반 위치가 남자의 배꼽 위치에서 잡혀야 동작을 수행할 때 가장 편하게 느껴지기 때문입니다.

반대로 발레리노와 발레리나의 키 차이가 비슷하거나 지나치게 크게 차이가 난다면 발레리노가 서포트 하기 어려운 위치에 발레리나의 골반이 자리하게 되죠. 발레리나의 키가 작다면 발레리노는 리프트를 하기 위해 쁠리에를 많이 해야 하므로 체력 소모가 커집니다. 발레리나의 키가 상대적으로 커서 골반 높이가 높아지면 발레리노의 가슴 위치에서 발레리나의 허리가 잡히기 때문에 중심을 이동할 때 안정감 있게 서포트 하기가 어려워집니다.

이상적인 신체 조건의 파트너를 만나면 춤을 이끌어가기에 좋은 장점이 되는 것은 분명합니다. 그러나 완벽한 조건의 파트너를 만난다 하더라도 어려움은 늘 있기 마련입니다. 무용수는 어려움을 극복하고 더욱 아름다운 춤을 만들어내는 것에 주력하는 자세를 갖는 것이 중요합니다. 그것이 바로 이상적인 파트너의 조건이라고 생각합니다.

빠드두 기본 동작 및 종류 빠드두의 기본적인 원리와 파트너의 신체 조건을 이해하고 연습한다면 어떠한 동작도 훌륭하게 배울 수 있을 거라 생각합니다. 지금부터는 빠드두에 사용되는 몇 가지 테크닉을 소개하며,

방법과 주의해야 할 점을 살펴보도록 할게요. 단, 무용수 각자의 스타일에 따라 여러 가지 방식이 있을 수 있으니 충분한 논의와 함께 진행돼야 합니다.

- **4번 포지션에서의 삐루에뜨**(pirouette retiré en dehors from 4th position)

 삐루에뜨는 발레에서 회전하는 동작을 지칭합니다. 또한 삐루에뜨는 빠드두에서 빠지지 않고 등장하는 동작으로 그 형태가 매우 다양합니다. 그중 가장 많이 사용하는 4번 포지션에서의 삐루에뜨를 살펴보도록 하겠습니다.

 발레리나는 오른쪽 삐루에뜨를 하기 위한 4번 포지션과 함께 쁠리에를 합니다. 발레리노는 발레리나의 뒤에서 어깨 넓이로 다리를 벌린 후 왼쪽 무릎을 살짝 구부리고, 손은 발레리나의 허리 위치에 둡니다. 발레리나가 4번 포지션에서 왼쪽 다리 축으로 르티레(retiré)를 하며 업으로 섭니다. 발레리노는 발레리나가 회전을 위해 중심축이 바뀌는 것을 인지하고, 양손으로 바뀐 중심축을 세워줍니다.

 발레리노의 왼쪽 손은 발레리나의 왼쪽 허리 뒷부분을 회전 방향으로 밀어주고, 다시 제 위치로 빠르게 돌아와서 발레리나의 배 앞으로 손이 말려 들어가지 않도록 해야 합니다. 이때 오른쪽 손은 허리에 고정해 중심축을 세워주며, 과도한 마찰이 일어나지 않도록 적당한 힘을 유지합니다.

 발레리나가 한 바퀴를 정확하게 돌면, 발레리노는 양손을 사용해 회전을 멈춰줍니다. 처음에는 한 바퀴를 연습하고, 충분한 연습 후에 회전수를 늘려갑니다.

> **Tip 발레리나를 마주하는 발레리노의 기본 자세**
>
> 발레리노의 손은 항상 파트너가 편하게 느끼는 위치에 자리해야 합니다. 사람마다 그 위치가 다르기 때문에 파트너와 항상 상의하는 것을 잊지 마세요.
>
> 발레리나의 연습복은 서포트 해야 하는 발레리노에게 매우 중요합니다. 발레리노 손의 위치나 동작에 방해가 되는 디자인의 레오타드와 티셔츠는 피해야 하며, 쉬폰 치마의 끈을 안쪽으로 깔끔하게 정리해야 합니다.
>
> 인위적으로 만든 많은 회전수의 삐루에뜨보다 발레리나의 힘에 맞는 양질의 삐루에뜨를 만들어야 합니다. 거리 조절을 못하고 발레리나와 너무 가까이 밀착하게 되면 발레리나의 팔꿈치에 얼굴을 맞거나 르티레를 한 무릎에 중요 부위를 맞을 수도 있습니다. 경험에서 알려드리는 점이니 꼭 주의하세요.

● 리프트(en haut lift from 5th position)

발레리나를 높이 들어 올리는 동작인 리프트는 빠드두의 꽃이라고 불릴 만큼 발레에서 아름답고 화려한 기술을 상징합니다. 음악 전개에 따라 동작의 극대화를 가능하게 하고 작품의 분위기를 고조시켜주며, 극의 화려한 연출에 도움을 줍니다. 리프트는 보기에는 신기하고 아름답지만 위험 요소가 많기 때문에 프로 무용수들도 많은 연습과 고도의 집중을 요하는 고난도의 기술입니다. 호흡과 타이밍이 중요한 요소인 리프트 중 가장 기본 동작인 5번 포지션에서의 앙 오 리프트를 살펴보겠습니다.

발레리나의 발은 5번 포지션, 를르베 업을 하며 뽀르 드 브라는 알 라 스꽁드 알롱제 풀업 상태로 대기합니다. 발레리노는 발레리나의 등 뒤에 위치한 후, 양손으로 허리를 단단하게 잡아줍니다. '하나, 둘, 셋' 카운트에 맞춰 점프를 합니다. 이때 쁠리에 타이밍을 정확하게 카운트 '둘'에 맞추고 '셋'에 도약해야 합니다.

발레리나는 바로 수직 위가 아닌, 뒤에 서 있는 발레리노의 머리 위로 올라간다는 느낌으로 5도 정도 뒤로 기울여 뜁니다. 리프트가 이루어지고 다시 발레리나를 내려놓을 때는 되도록 안정적으로 착지할 수 있도록 발레리노의 가슴과 몸에 밀착시켜야 합니다.

> **Tip 리프트를 준비하는 발레리노를 위한 조언**
>
> 리프트 연습을 할 때는 발레리나의 허리를 손바닥 전체로 밀착해 잡고 손가락 부분에는 살짝 힘을 뺍니다. 연습을 하다 보면 허리 부분을 잡은 발레리노의 손이 미끄러지며 갈비뼈 부분까지 쓸려 올라갈 때가 있습니다. 이때 발레리나를 잘 잡기 위해 손가락에 힘을 주게 됩니다. 이것을 반복하다 보면 발레리나가 갈비뼈에 극심한 통증을 느끼게 되고, 심한 경우 갈비뼈에 금이 가는 부상을 입기도 하니 손의 위치를 꼭 주의하세요.
>
> 발레리노에게 리프트는 발레리나의 무게와 중력을 동시에 부담해야 하는 동작인 만큼 얼마나 효율적으로 몸을 사용하는지가 중요합니다. 발레리나의 몸이 발레리노의 팔과 몸에서 멀어지면 모든 무게를 팔로 들어 올려야 하기 때문에 몸에 무리가 갈 수 있습니다. 따라서 최적의 거리와 타이밍을 찾을 수 있도록 연습해야 합니다. 무엇보다 리프트는 약간의 방심이 큰 부상으로 이어질 수 있으니 꼭 지도 선생님과 함께 연습해야 합니다.

- **프로므나드**(promenade)

산책을 의미하는 프로므나드는 발레에서는 주로 아라베스크 상태를 유지하며 제자리를 스스로 한 바퀴를 돌거나 또는 아라베스크 상태에서 파트너의 손이나 허리를 잡고 한 바퀴 도는 것을 의미합니다. 마치 발레리나가 무대 위에서 주변 정경을 둘러보는 모습과 흡사합니다.

발레리노와 발레리나는 적당한 거리를 유지하며 가슴이 서로 마주볼 수 있도록 섭니다. 발레리노는 손바닥을 위쪽으로 향한 채 발레리나에게 정중히 건네며, 발레리나는 그 위에 손을 얹습니다. 서로 맞잡은 두 손은 발레리나의 아라베스크를 안정적으로 탄탄하게 받쳐주는 역할을 합니다. 그렇게 연결되어 있는 팔은 팔꿈치를 들어 영문자 S자 모양을 이뤄야 좀 더 안정적으로 지탱할 수 있습니다.

발레리노는 컴퍼스로 원을 그리듯 발레리나를 중심에 두고 일정하고 동일한 거리를 유지하며 걸어야 합니다. 발레리나가 돌아가는 속도와 호흡을 살피면서 되도록 서로의 가슴이 마주볼 수 있게 걸어야 합니다.

> **Tip 파트너 홀딩할 때 발레리노의 기본적인 손 자세**
> 손을 잡는 모양은 발레리노에 따라 다르지만 검지와 중지를 곧게 펴고 발레리나의 손목을 아래에서 받쳐주면 더욱 안정감을 느끼는 발레리나도 있습니다.

실제 상황! 작품 속 빠드두

- **백조의 호수**

〈백조의 호수〉 그랑 빠드두는 연기와 동시에 수행해야 하는 까다로운 동작들이 많이 있습니다. 특히, 발레리나가 의상을 착용하면 손에서 느껴지는 질감과 무게가 연습 때와는 다릅니다. 게다가 다리의 움직임이 보이지 않기 때문에 중심을 느끼기가 더 어려워 무대 위에서 앙 드당 삐루에뜨를 완벽하게 잡아주려면 몇 배로 긴장하게 되죠. 또한 흑조와 함께 호흡을 맞추는 부분에서는 발레리나의 포즈를 완벽한 박자에 맞춰야 하는 타이밍이 참 어렵습니다.

음악이 '단단단단단단단 딴!' 하는 부분에서 흑조가 턴을 돌고 아라베스크 아띠뛰드로 강렬하게 마무리해야 하는 동작이 있어요. 발레리나는 정확하게 '딴'에 아라베스크 아띠뛰드를, 발레리노는 정확하게 그 타이밍에 딱 잡아줘야 하죠. 그래야 흑조의 카리스마가 표현되고, 이후 중요한 연기를 펼쳐나갈 수 있어요. 그러나 이 부분의 타이밍을 완벽하게 맞추는 것은 상당히 어렵습니다. 발레리노가 얼마만큼 잘해주느냐에 따라 발레리나의 이후 연기가 결정되는 장면이기에 더욱 부담스럽게 느껴지죠.

- **지젤**

〈지젤〉 빠드두는 체력적으로 정말 힘든 동작 중 하나입니다. 대부분의 작품에서는 빠드두에서 듀엣을 마치면 관객에게 충분히 인사를 한 뒤, 솔로 바리에이션을 준비할 수 있습니다. 발레리노가 잠시 숨을 고를 수 있는 황금 같은 시간이죠. 발레리노마다 이 시간을 보내는 유형이 다릅니다. 무대 바깥으로 나가 숨을 고르고 체력을 비축해 등장하는 발레리노, 발레리나가 쉴 수 있게 충분히 기다리고 등장하는 발레리노, 기대감을 높이고자 관객에게 텅 빈 무대를 한참 마주하게 하는 발레리노, 그리고 무대 바깥으로 나가지 않고 바로 다음 장면의 자리로 유유히 걸어가 준비하는 자신감 최고의 발레리노도 있습니다.

그런데 지젤에서는 이러한 선택이 어렵습니다. 극의 흐름에 더욱 몰입하기 위해 중간 인사를 생략하고 바로 발레리노의 연기로 이어져, 솔로 바리에이션을 해야 합니다. 숨이 턱까지 차오른 상태에서 무대에 다시 등장하고, 다음 음악이 나오기를 기다리는 약 3초가 정말 소중하게 느껴지는 순간이자 동시에 극도의 두려움을 느끼는 순간이기도 하죠. 이것이 끝이 아닙니다. 솔로 이후 나오는 32회 점프인 앙트르샤 시스(entrechat six)는 남자들의 자존심이 걸린 장면이기에 온 힘을 다해 뛰어야만 합니다. 숨 고를 새도 없이 다음으로 이어지는 장면은 땅 위를 날아가는 듯한 지젤을 표현하기 위해 발레리나의 무게를 온전히 발레리노의 힘으로 들어 무대를 가로지르며 뛰어가야 하죠. 말 그대로 중노동급으로 힘든 빠드두입니다.

● 호두까기인형

〈호두까기인형〉의 하이라이트 엔젤 리프트와 체어 리프트 동작의 부담감을 소개해드릴게요. 정말 아름답고 화려한 기술이라 많은 관객들이 기억하는 리프트입니다. 저는 여행지나 특별한 장소에서 발레리나와 함께 이 포즈로 기념 사진을 찍기도 합니다. 이렇게 생활 속에서도 시도하며 즐길 수 있는 동작이지만, 무대 위에서는 정말 긴장되는 동작이에요.

호두까기 왕자와 공주가 만나서 결혼식을 하는 장면은 무대 자체도 화려할 뿐만 아니라 라이브 오케스트라도 온 에너지를 모아 연주해 극장이 열기로 가득 찹니다. 지휘자의 지휘만 보더라도 이 장면에서 얼마나 많은 에너지를 쏟아내고 있는지 알 수 있습니다. 음악의 절정에서 발레리나를 공중으로 높이 들어 올리는 이 동작은 극의 극치를 표현해내는 리프트인 만큼 실수하면 안 된다는 부담감이 있어요.

앞서 행복한 연기를 펼치다 이 동작으로 들어가기 직전에 있는 발레리노의 눈을 카메라로 클로즈업해서 본다면 동공의 확장을 정확하게 보실 수 있을 거예요. 표정도, 숨도, 생각도 모두 멈추고 오직 리프트의 성공을 위해 초집중해서 발레리나의 골반만 쳐다보고 있죠. 심지어 마음속으로 '골반, 골반, 골…반…!' 하고 외치기도 합니다.

이윽고 발레리나가 달려오면 발레리노는 정확하게 두 손으로 받쳐 하늘 높이 치켜들어 올립니다. 음악의 클라이맥스와 동작이 정확하게 맞아떨어지면 작품도, 무용수도 빛나는 정말 극적인 순간이죠. 발레리나를 들어 올리는 순간은 찰나의 순간처럼 짧고 긴장됩니다. 그래서 동작을 시작했다고 느끼는 순간 이미 발레리나는 발레리노 손에 들려 있곤 합니다. 발레리노는 이 리프트를 성공시킨 후 객석에서 터져 나오는 박수 소리에 안도감을 느끼곤 합니다. 그러고는 속으로 '해냈다!'를 외치죠. 저도 마찬가지고요.

발레리노 이영철에게 빠드두란?

빠드두에서 어려움을 느끼는 지점은 작품마다 굉장히 다릅니다. 테크닉 자체의 어려움, 체력의 한계를 느끼는 어려움, 잦은 실수가 일어날 법한 의상으로 인해 겪는 어려움 등 무용수에 따라 어렵다고 느끼는 동작도 모두 다르죠. 충분한 연습을 했어도 부담감은 늘 존재하기 마련입니다. 20년 가까이 무대 생활을 한 만큼 실수에 대한 경험담도 참 풍부합니다. 자랑은 아니지만, 실수를 했던 해프닝을 이야기하자면 이 책의 두께가 얼마나 두꺼워질지 상상도 할 수 없습니다. 특히 빠드두에서 일어나는 실수는 늘 파트너와 함께할 때 일어나기에 뇌리에 더욱 깊게 자리하는 것 같습니다.

공연 하이라이트 부분에서 나와 파트너의 의상이 서로 걸려 발레리나의 삐루에뜨를 아예 돌리지 못했던 적도 있고, 무대로 뛰어나가야 할 타이밍에 제대로 나가지 못해서 파트너를 긴장하게 했던 실수, 뜨거운 감정의 고조와 함께 사랑하는 사람과 재회하는 드라마틱한 장면에서 파트너에게 달려가다 넘어졌던 실수, 연습실에서 단 한 번의 실수도 없었기에 자신감 가득했던 리프트 동작에서 파트너를 들어 올리지 못하고 손만 번쩍 들어 민망했던 순간 등, 너무 많은 실수들이 있었죠. 이렇게 실수를 할 때마다 파트너들의 도움으로 무사히 넘어간 적이 많이 있었습니다.

예민함, 온유함, 무심함, 섬세함, 다급함, 차분함처럼 인간이 지닌 내면의 다양한 성격들이 만나서 조화를 이루며 춤을 추는 것이 바로 '빠드두'입니다. 그렇게 조화를 이루기 위해서는 파트너와 함께 대화하고, 연습하며 많은 시간을 보내야 합니다. 그러다 보면 무대에서도 자연스럽게 상대의 컨디션을 이해하게 되죠. 과도하게 긴장하고 있는 상대를 조금 더 부드럽게 바라봐주고, 집중력이 떨어진 느낌이 들면 더욱 강한 에너지로 끌고 나가기도 합니다. 상대 역시 저에게 그런 힘을 발휘하죠. 그렇게 둘은 하나가 됩니다. 상대의 실수가 때로는 나의 실수처럼 느껴져 속상하기도 하고, 나의 실수가 상대의 연기를 망치기라도 하는 날이면 더욱 가슴이 아프죠. 이렇게 빠드두는 서로에게 끊임없이 영향을 주며 이루어집니다. 그래서 더욱 즐겁고, 한편으론 더욱 부담이 되기도 합니다.

'연습과 대화가 충분히 이루어지면 무대에서 실수가 없다.' 빠드두가 이런 공식처럼 이뤄진다면 얼마나 좋을까요. 그렇지만 무대는 그렇게 호락호락한 곳이 아닙니다. 그리고 처음 만난 파트너와 단 한 번 맞춰보고 멋진 공연을 올릴 수도 있고, 수천 번 연습한 파트너와도 공연 당일에 실수가 일어날 수 있어 언제나 긴장을 늦출 수 없는 것이 빠드두죠.

특히 여자 무용수의 안전을 책임져야 하는 발레리노에게 파트너십의 가장 중요한 덕목은 깊은 이해와 배려입니다. 사람마다 신체 골격의 구조, 무게, 호흡, 리듬감 등이 모두 다르기 때문에 빠드두에는 완벽하게 정해진 방법이 없습니다. 선생님의 지도 아래 함께 춤을 추는 파트너와 더욱 적합한 빠드두의 방식을 연구하고 찾아가는 것이 바람직하죠. 상대방과 소통하는 능력이 타고난 감각만큼 중요하다는 것을 잊지 마세요. 상대의 무게중심이 어떠한지, 또 어떤 타이밍에 동작을 수행하는지에 대해 끊임없이 대화하고 연습하는 것만이 빠드두를 완성시켜 나갈 수 있는 길입니다.

서로 다른 두 사람이 만나 물리적인 운동 법칙과 신체 감각으로 최적의 움직임을 만드는 과정은 얼마나 서로를 이해하고 배려하느냐에 따라 큰 차이를 만들어냅니다. 서로에 대한 믿음을 바탕으로 자신의 손을 상대방에게 허락하고, 한 걸음 그리고

한 동작마다 두 사람의 믿음과 배려가 함께 살아 숨 쉴 때 좋은 파트너십을 발휘할 수 있습니다. 이런 파트너십이야말로 전체적인 극의 분위기까지 바꿔놓기도 합니다.

    꼭 기억하세요. 빠드두는 둘이 함께하는 춤이라는 것. 상대를 이해하고, 배려하는 마음으로 추는 춤이라는 것. 믿음을 갖고 춤을 춘다면, 무대 위의 실수마저 보듬어주며 한발 나아가는 춤이라는 것. 그 믿음을 바탕으로 하나의 춤이 깊은 감동을 줄 수 있다는 것. 이것이 바로 제가 경험한 빠드두입니다.

매너가 발레리노를 만든다

연습실에서 이루어지는 수많은 연습은 결국 무대를 준비하는 과정입니다. 여러 작품 속 캐릭터를 연기하려면 작품에 등장하는 다양한 역할에 대한 분석과 함께 그에 맞는 테크닉을 연마해야 하죠. 대부분의 춤이 그렇지만 여러 무용수들과 호흡을 맞추는 훈련은 발레에서 빼놓을 수 없는 중요한 부분입니다.

두 명의 무용수가 파트너가 돼 움직이고, 50명 이상의 무용수들이 하나처럼 움직이는 장면을 연습하기도 합니다. 이렇게 함께 춤을 추기 위해서는 발레 기술을 익히는 것보다 서로를 위한 배려와 함께 호흡하고자 하는 협동의 마음이 우선입니다.

무대에서는 결코 혼자서만 작품을 완성할 수 없어요. 이런 특성 때문에 발레를 '에티켓의 예술'이라고 표현하기도 하죠. 제 생각에 훌륭한 발레리노가 되기 위한 기본적인 덕목 중 하나가 배려와 예의범절이 아닐까 싶습니다.

발레 클래스의 기본 매너, 레베랑스

저는 무용수들에게 발레 에티켓은 클래스에 들어가기 전 마음가짐에서부터 시작된다고 이야기합니다. 클래스에 대한 진지한 마음, 정갈한 복장과 자세, 마스터에 대한 존중과 예의가 좋은 클래스를 만들 수 있고, 결국 좋은 무대로 이어지기 때문입니다. 무용수들은 수업의 시작과 끝에 선생님들께 감사 인사인 레베랑스(révérence)를 합니다. 역사적으로 살펴보면 17세기 무렵, 왕의 위상을 높이기 위해 사용됐던 프랑스 발레의 예법에서 흔적을 찾을 수 있습니다. 방에 들어가고 나오는 법, 모자를 벗고 인사를 하는 법, 상급자들에게 경의를 표하는 법 등은 오늘날의 발레 교육에서는 사라진 지 오래지만 레베랑스는 여전히 중요한 예법으로 남아 있죠.

우리에게는 용어조차 익숙하지 않은 레베랑스. 과연 어떤 의미를 가지고 있을까요? 레베랑스의 사전적 의미는 존경과 더불어 경례의 의미를 지니고 있습니다. 즉, 존경의 마음을 담은 인사법인 셈이죠. 연습실에서 이루어지는 레베랑스는 그 형식 그대로 무대 위에서도 행해집니다. 공연을 마치고 관객들을 향한 레베랑스, 동료들과 서로 주고받는 레베랑스, 그리고 안무가와 주고받는 레베랑스는 단순한 동작의 행위보다도 서로를 향한 격려와 존중의 마음을 보내는 표현 방식입니다. 클래스가 시작되고 끝날 때 어린 발레리노, 발레리나에게 반드시 레베랑스를 시키는 것도 발레가 존중과 배려를 밑바탕에 둔 춤이라는 것을 몸소 체험하도록 가르치려는 의도입니다.

'학생들은 선생에게 존경심을 갖는다.' 현재 발레 교육법 중 가장 널리 알려진 바가노바 메소드 1 레벨에는 레베랑스를 매우 중요하게 다루고 있습니다. 19세기 러시아 발레의 르네상스를 부러워했던 여러 나라에서는 이러한 바가노바 메소드의 예절 교육과 선생님에 대한 존경심을 앞다투어 배웠으며, 현재 전 세계적으로 퍼져 그 전통이 이어지고 있습니다.

두 다리에 힘이 풀릴 만큼 모든 에너지를 쏟고 나서 레베랑스를 할 때면, '아, 이제 정말 끝이구나' 하고 생각하는 동시에 아직 끝나지 않았다는 마음을 부여잡고 마지막 인사를 나눕니다. 무대 위에서 무용수가 존재하는 한 매 순간 관객의 시선을 받고 있기 때문에 무용수는 막이 내려갈 때까지 긴장의 끈을 놓을 수 없습니다. 공연이 끝났다는 생각에 집중력을 잃고 레베랑스를 한다면 비교적 간단한 움직임에도 휘청거리는 실수를 하기도 합니다.

한편 레베랑스에는 깊은 감동이 있습니다. 공연을 보러 오시고, 끝까지 지켜봐주셔서 감사하다는 마음을 객석을 향해 전하기도 하죠. 또 그동안 서로가 흘린 땀과 눈물의 의미를 잘 알기에 파트너에게 고생했다는 위로를 보내주며, 주인공을 맡은 날에는 동료들을 향해 뒤돌아 감사의 인사를 보내죠. 그런 인사를 할 때면 참 고마운 생각이 듭니다. 모두가 빛나는 무대이지만, 특히 동료 무용수들의 헌신적인 춤이 있었기에 주인공들이 더욱 빛나는 위치에서 춤을 출 수 있기 때문입니다. 저 또한 그런 감사의 마음을 잊지 않으려고 합니다. 춤은 결국 마음을 표현하는 몸짓이니까요. 그렇기에 레베랑스는 더욱더 훌륭한 춤의 언어라 할 수 있습니다. 깊은 감사의 마음을 표현하는 춤의 언어를 관객들이 끝까지 지켜봐주고, 박수를 보내준다면 무용수들에겐 매우 뜻깊은 순간이 될 것입니다.

**프로 단체에서
동료에 대한 에티켓**

발레리노의 직업상 에티켓에는 어떠한 것들이 있을까요? 프로 발레단은 늘 여러 사람들이 모여서 공연을 준비하기에 타인을 배려하는 자세와 협력하고자 하는 마음이 필요합니다. 즉, 개인의 생활도 존중돼야 하지만, 단체 생활이 더욱 강조되는 곳이죠. 이와 같은 특성을 이해하지 못하고 발레단 생활을 한다면 발레 실력이 아무리 출중해도 적응하지 못하고 퇴단하기도 합니다.

발레단 일과의 시작은 바로 클래스입니다. 한 공간에 적게는 스무 명에서, 많게는 오십여 명의 무용수들이 모여 클래스를 진행합니다. 무용수들은 각자의 위치에서 몸풀기를 하며 클래스의 시작을 기다리죠. 이때 자리는 지정되어 있지 않습니다. 각자 원하는 자리에 서면 됩니다. 하지만 그 안에도 보이지 않는 룰이 있어요. 신입 단원들은 일찍 연습실에 도착해도 선배들이 우선 앞쪽에 서도록 자리를 양보하고, 앞에 선 선배 단원들은 뒤쪽에서 춤추는 무용수들도 거울을 볼 수 있게 가리지 않도록 자리를 확보하죠. 신입 단원이 맨 앞에 선다고 해서, 혹은 앞쪽에 있는 선배 무용수가 뒤에 있는 누군가를 가린다고 해서 문제가 되지는 않지만, 서로가 존중하는 마음으로 자리를 신경 쓰는 것은 발레단 클래스 에티켓 중 하나입니다.

클래스가 어느 정도 무르익어가면 무용수들은 각자 컨디션에 맞게 페이스 조절을 합니다. 클래스를 끝까지 참여하는 무용수들도 있지만, 부상이 있거나 피로도가 높은 무용수는 컨디션을 유지하기 위해서 클래스 중간에 나가기도 합니다. 이때 클래스 중간에 아무도 모르게 나가는 것이 아니라, 클래스를 이끄는 마스터와 피아니스트에게 눈을 마주치고 인사를 하고 나가는 것이 에티켓입니다. 만약 마스터와 피아니스트가 리허설 중이라 보지 못하더라도 예우를 갖춰 목례를 하고 나가야 하죠. 클래스 중간이나 끝나고 난 후의 인사(레베랑스)는 전 세계 어느 발레 클래스에서도 동일하게 지켜야 하는 기본적인 예의입니다.

파트너십이 많이 필요한 발레에서는 특별히 신경 써야 하는 에티켓이 있습니다. 상대와의 신체 접촉이 많은 춤의 성격상 체취와 악세서리 착용을 주의해야 합니다. 흡연을 하는 무용수들은 반드시 가글과 손을 깨끗이 씻어서, 상대에게 불쾌감이 들지 않도록 주의해야 하며, 춤에 방해가 되는 손목 시계, 팔찌, 화려한 반지 등은 위험한 상황을 초래할 수 있으므로 리허설 전에 꼭 빼야 합니다.

또 우리나라에는 서양에서는 볼 수 없는 문화가 하나 있습니다. 공연장의 분장실 자리를 잡을 때 선배들이 먼저 자리를 잡을 수 있도록 착한 후배님들이 양보하는 경우입니다. 제가 신입 때도 그렇게 해왔었는데, 현재 후배님들도 선배를 먼저 챙기고 배려해주는 모습을 보니 오히려 고맙게 느껴지더라고요. 좋은 마음은 계속 연결되는 것이니까요. 상황과 문화에 따라 분명 다른 점들이 존재하겠지만, 동료들과 함께한다는 것을 잊지 않고 배려하는 마음으로 생활한다면 좋은 에티켓 문화가 계속 이어질 것 같습니다.

리허설 형식에 따라 다른 에티켓 문화

무용수들은 공연을 위해 반드시 사전 무대 리허설을 펼칩니다. 자신이 실제 공연에 착용할 의상과 소품을 모두 갖추고 조명, 라이브 음악 연주까지 본 공연처럼 하는 것이죠. 이러한 무대 리허설은 공연과 직결되는 연습이기에 모든 단원들이 책임감을 갖고 임합니다. 무용수들이 풀에너지로 춤을 추지 않고 순서와 동선을 체크하는 것을 '리허설 마킹(rehearsal marking)'이라고 합니다. 국립 발레단에서는 특별한 경우(리허설 디렉터가 마킹을 원하는 경우, 부상이 있는 경우, 몸이 아프거나 컨디션이 매우 안 좋은 경우 등)를 제외하면 반드시 공연처럼 임해야 하죠. 이것은 국립 발레단의 리허설 에티켓입니다.

이렇게 몇 십 년간 리허설 에티켓이 훈련돼 있는 저에게 러시아 볼쇼이 발레단에서의 리허설 경험은 정말 충격 자체였습니다. 2010년, 국립 발레단과 볼쇼이 발레단의 합동 공연 〈로미오와 줄리엣〉에 티볼트 역할로 참여해 리허설을 하던 중이었습니다. 발레의 본고장이자 역사가 살아 숨 쉬는 러시아의 볼쇼이 발레단에서 진행되는 첫 리허설은 저에게 막중한 책임감을 느끼게 했죠. 국립 발레단의 발레리노로서 나라를 대표해 참여한 자리인 만큼 최고의 모습을 보여줘야 한다는 사명감이 불타오르는 채로요.

드디어 수많은 무용수들과 선생님들 그리고 오케스트라와 함께하는 리허설이 시작됐습니다. 저는 여느 때와 같이 최선을 다해 무대 리허설에 집중하고 있었어요. 그런데 리허설이 어느 정도 진행되는가 싶었는데 음악이 갑자기 중단됐습니다. 그러더니 리허설 중단의 이유가 제가 마킹을 하지 않아서라고 하더군요. 이상하게 들리겠지만, 우리나라처럼 1년에 130여 회 공연을 하는 단체와는 달리 월요일 하루를 제외하고 매일 공연을 하던 그들로서는 동양에서 온 무용수가 온 힘을 다해 리허설을 하자 걱정이 됐던 것입니다. 이윽고 "영철! 마킹을 해"라는 선생님의 말과 함께 다시 리허설이 진행됐습니다.

항상 리허설에 온 힘을 쏟는 데 익숙한 저는 다시 시작된 리허설에서도 마킹이 안 됐고, 최선을 다한 풀 에너지 상태가 됐습니다. 그런 저의 태도는 다시 한번 모든 리허설을 멈추게 했죠. 이번엔 마스터가 무대로 직접 올라왔습니다. 그러고는 공연이 더 중요하니 다치지 않게 마킹을 하라는 지시를 했습니다.

몇 회의 공연 동안 리허설에서 마킹을 요구하는 그들의 작업 방식에 놀라지 않을 수 없었습니다. 늘 나를 위한, 그리고 동료들에게 누가 되지 않기 위한 에티켓이라고 생각해왔던 습관 때문에 오히려 피해를 주는 상황이 연출된 것이죠. 그때의 경험은 상황에 따라, 문화에 따라 지켜야 할 에티켓이 있다는 것을 알려줬습니다. 그리고 늘 전체를 바라보는 눈을 지녀야 함을 깨달은 소중한 경험이었습니다.

연습실을 나서며

예술의 전당 시계탑 앞. 오늘도 출근을 하며 저 멀리 보이는 국립발레단의 금색 건물을 바라봅니다. 산, 나무, 하늘, 음악 소리 그리고 뜨거운 여름을 알려주는 매미 소리…. 이곳이 내 삶의 터전이라는 사실에 자연스레 미소를 짓게 됩니다.
"하늘과 초록의 나무, 공기, 아름다운 음악이 흘러나오는 이곳 전체가 나의 직장이야. 나는 너무 복 받은 사람 같아."
제가 아내에게 자주 건네는 말이에요. 그러면 아내는 이미 백 번은 들은 것 같다며 말하곤 합니다.

춤추며 살아가는 삶.
매일 연습하고, 무대를 준비하는 삶.

오늘 유독 나의 삶에 대한 무한한 감사의 마음이 가슴속 깊은 곳에서부터 차오릅니다. 코로나19로 몇 달간 취소됐던 공연이 내일 예술의 전당 무대에서 재개되는 감격 때문인지도 모르겠습니다.

내일은 〈계절: 봄〉이란 작품으로 관객과 만나게 됩니다.
무용수들과 리허설을 하는 이 시간이 나에게 의미 있는 만큼
무용수들에게도, 공연을 보러 와주시는 관객들에게도 의미 있는
시간이었으면 좋겠다는 생각을 해봅니다. 무대 위 발레리노로서
무대 위의 나와 무대 밖의 내가 언제나 진실된 모습이었으면
좋겠다는 생각과 함께 말이죠. 오늘은 내일 공연을 위해서 무대로
갑니다. 아름다운 것을 몸과 마음으로 나눠야 하는 나의 춤을 소명으로
생각하며 오늘의 리허설도 잘 이루어질 수 있길 바라는 마음으로요.

제2장

무대 위에서

무대,
그 이면의 이야기

텅 빈 객석, 아직 조명이 들어오지 않은 무대는 어둡습니다. 그곳에 누워 있으면 마치 우주 공간 위에 둥둥 떠 있는 것 같습니다. 무대에 서면 저는 제일 먼저 오늘 무대 위에서 춤추는 모습을 머릿속으로 그려봅니다. 만족할 수 있는 춤의 모습을 상상하고, 관객들에게 멋지게 인사하는 모습까지 이미지 트레이닝을 마치면 비로소 심리적으로 안정을 느끼게 됩니다.

발레단은 연 평균 130회가량 공연을 합니다. 그중 제가 출연하는 공연은 약 50~70회입니다. 이렇게 19년을 더하면 대략 계산을 해봐도 1000번 이상 무대 위에 올랐습니다. 그럼에도 불구하고 늘 이렇게 떨리는 이유는 왜일까요? 아마도 관객들을 만나기 위해 인내했던 수많은 연습 과정이 떠오르면서 이 무대를 준비하기 위해 함께 노력한 동료 무용수들의 노고를 내가 망칠지도 모른다는 걱정이 앞섰던 것 같습니다.

아직도 어려운 무대이지만, 정말 사랑스럽고 소중한 이 공간을 여러분과 함께 나누고 싶습니다. 저와 같은 경험을 하지 않았어도 무대의 소중한 떨림을 간접적으로나마 여러분에게 전달하고 싶습니다. 이제 본격적인 무대 이야기로 들어가보겠습니다.

작품을 만나는 시간

무용수가 무대에 오르려면 제일 먼저 작품을 만나야 합니다. 작품을 만나면 무대를 준비하는 기간 동안 무용수는 작품 속의 인물로 살아갑니다. 그들이 살아온 시대와 삶을 바라보고, 상상하고, 느끼고, 이해하며 춤을 추다 보면 어느덧 그 인물의 삶이 무용수의 삶으로 깊숙이 들어와 있습니다. 마치 영화 속 배우들이 하나의 역할에 몰입해 몇 개월의 시간 동안 그 인물로 살아가는 것과 같은 맥락이죠.

무용수들은 작품을 통해 성장합니다. 무용수들에게 자신의 춤을 깊이 있게 표현하기 위해서 연구하고 연습하는 시간만큼 소중한 것은 없습니다. 또 발레 작품은 대부분 문학 작품에서 출발하기 때문에 무용수들도 새로운 작품을 만날 때마다 극의 전체 줄거리를 이해하고 캐릭터를 분석하기 위해 책을 읽으면서 노력합니다. 매우 흥미롭고 즐거운 작업이죠.

새로운 작품을 시작하게 되면, 발레단 게시판에는 역할에 맞는 캐스팅이 발표됩니다. 무용수들에게는 매우 떨리는 시간이죠. 자신이 원하는 역할을 맡게 되면 더할 나위 없이 기쁘고, 만약 그렇지 않을 때면 눈물을 흘릴 만큼 슬프기도 합니다. 이것이 발레리노와 발레리나의 숙명과도 같은 인생입니다. 그러나 이것이 끝이 아닙니다. 무대 오르기 직전에 캐스팅이 바뀔 때도 있기에 무용수들은 언제나 긴장을 늦출 수 없습니다.

2013년, 세계적인 거장 장 크리스토프 마이요(Jean Christophe Maillot)의 〈로미오와 줄리엣〉을 준비할 때의 일입니다. 마이요의 〈로미오와 줄리엣〉은 저에게 참 특별한 작품이었어요. 음악, 안무, 의상 모든 연출이 참 아름답게 느껴졌습니다. 그중에서도 로렌스 신부 역할은 다른 〈로미오와 줄리엣〉 작품에서 볼 수 없는 매력적인 역할로 다가왔어요. 꼭 해보고 싶다는 마음이 간절했죠. 무용수들은 이따금 기도를 합니다. 그 역할을 꼭 맡게 해달라고요. 저 역시 그때, 그 누구보다 간절히 바랐었어요.

발레단 게시판 앞에 서서 제 이름을 찾던 순간, 저는 기쁜 마음에 날아갈 것 같았습니다. 로렌스 신부 옆에 '이영철'이라고 적혀 있었거든요. 누군가는 로미오가 아닌데 왜 그렇게 기뻐하냐고 의아해할 수도 있을 것 같네요. 주인공보다 내가 매력을 느끼고 잘할 수 있는 역할, 즉 나에게 꼭 맞을 것 같은 역할을 만났을 때의 기쁨은 주인공을 맡은 것만큼 큰 기쁨입니다. 특히 제가 생각하기에 마이요의 〈로미오와 줄리엣〉에서의 로렌스 신부는 극의 주관자 같은 역할로서, 작품의 시간을 흐르게도 하고 멈추게도 하는 카리스마 있는 역할이란 생각이 들었어요.

저는 가끔 저의 마지막 무대를 상상하곤 합니다. 그 작품이 〈로미오와 줄리엣〉의 로렌스 신부 역할이었으면 좋겠다는 생각을 할 정도니 제가 얼마나 이 작품을, 그리고 이 역할을 사랑하는지 이해할 수 있겠죠? 언젠가 다시 하게 될 〈로미오와 줄리엣〉에서 또다시 그 역할을 맡아서 살아갈 시간을 상상하는 것만으로도 참 행복해집니다. 발레리노의 삶, 어찌 보면 참 단순합니다.

하지만 좋은 작품을, 좋은 역할을 만난다는 것은 이렇게 설렘을 안겨준답니다.

아티스트를 만나는 시간

리허설을 이끌어주는 안무가 그리고 마스터와의 교감은 무용수에게 정말 중요합니다. 새로운 작품을 시작할 때 작품 자체에 대한 기대도 있지만, 어떤 아티스트들과 작업을 하게 될지 기대하는 마음도 매우 큽니다. 안무가마다 무용수들의 잠재력을 이끌어내는 방식은 제각기 다릅니다. 어떤 안무가는 극의 상황을 섬세하게 잘 설명해 무용수들이 연기에 완벽히 몰입할 수 있도록 이해를 돕고, 어떤 안무가는 자신이 직접 시범을 보여주며 작품에서 표현해야 하는 느낌을 설명하기도 합니다. 방식은 달라도 그들의 목표는 무용수가 작품에 더욱 몰입할 수 있도록 많은 영감을 불어넣는 것입니다.

저는 스물네 살에 발레단에 입단해 여러 작품에 출연한 만큼 수많은 천재 예술가들과 작업하는 영광을 누렸습니다. 러시아의 천재 안무가 유리 그리고로비치(Yuri Grigorovich), 네덜란드 댄스 시어터의 이리 킬리안(Jili Kylian), 슈투트가르트 발레단의 마르시아 하이데(Marcia Haydée), 파리 오페라 발레단의 파트리스 바르(Patrice Bart), 보리스 에이프만 발레단의 보리스 에이프만(Boris Eifman), 베를린 주 발레단의 나초 두아토(Nacho Duato), 쿨베리 발레단의 마츠 에크(Mats Ek) 안무가와 더불어 베르니스 코피에테르(Bernice Coppieters), 루이지 보니노(Luigi Bonino), 안나 라구나(Ana

Laguna), 허용순, 안드리스 리에파(Andris Liepa), 블라디미르 말라코프(Vladimir Malakhov) 등 가만히 되뇌어보니 머릿속에 수많은 아티스트의 이름이 줄을 잇습니다.

그중에서도 파란 눈에 신장 182센티미터의 장신 발레리나, 모나코 몬테카를로 발레단의 에뚜왈(étoile)이자 안무가 장 크리스토프 마이요의 뮤즈인 베르니스 코피에테르가 〈로미오와 줄리엣〉의 마스터로 왔을 때가 기억에 남습니다. 지금도 생생하게 생각날 만큼 저를 춤추게 만들었던 시간이었죠. 그녀가 리허설을 이끌었던 방식을 설명한다면 두 단어가 떠오릅니다.

'열정 그리고 냉정'

그녀의 춤은 이미 훌륭하다고 정평이 나 있었습니다. 과연 어떤 방식으로 가르치고 국립 발레단의 무용수들과 어떻게 교감할지 매우 궁금했습니다. 하지만 베르니스는 이런 궁금증과 약간의 의심이 무색할 만큼 무용수에게 많은 영감을 불어넣어 주었습니다. 저는 매 리허설마다 베르니스를 유심히 관찰했습니다. 눈빛, 얼굴의 근육, 표정, 몸짓 하나하나에 이야기를 담아 풍부하게 표현하며, 무용수들과 함께 춤추는 듯한 리허설을 진행하니 마음을 열지 않을 수 없었죠. 리허설을 진행하는 그녀를 보는 것만으로도 작품 전체를 보는 것과 같은 느낌이었어요. 연습을 진행하는 마스터의 냉철함과 예리함보다 이미 로미오와 줄리엣의 감정을 얼굴로 다 표현하는 그녀에게는 무용수와 함께 춤추는 뜨거움만이 존재했어요. 감정이 샘솟는 샘물 같았다고 해야 할까요. 그녀가 무용수를 바라보며 함께 호흡하는 모습 자체가 저 자신을 작품에 빠져들게 하는 영감의 원천이 됐습니다.

베르니스는 열정과 더불어 냉정함까지 갖춘 마스터였습니다. 무대에 오르기 하루 전, 저에게 와서 이렇게 말했습니다.

"영철, 네가 로렌스 역할로 전 회차 출연했으면 좋겠어. 리허설을 지켜보며 내린 결정이야. 마이요에게 이야기해놓을게."

이제껏 보지 못했던 냉정한 모습이었죠. 그리고 다음 날 안무가 마이요의 동의하에 발레단 공연 전체에서 다른 캐스팅을 제외시키고, 로렌스 신부 역에는 '이영철 원 캐스트'로 하겠다고 공식 발표를 했습니다. 공연을 앞둔 바로 전날의 일입니다. 이러한 캐스팅 발표는 오로지 최고의 공연을 위한 파격적인 결정이었죠. 저 역시 더욱 긴장하고 집중하게 됐습니다.

세월이 흘러 베르니스와 함께했던 순간들을 떠올리면, 그녀는 춤을 눈에서 나오는 감정으로 이끌어냈던 아티스트였다고 이야기할 수 있을 것 같습니다. 어떤 근사한 말보다 강렬한 춤으로 영감을 준 아티스트였죠. 시간이 지나도 무대를 준비할 때면 그녀가 전해준 춤의 영감이 새록새록 살아 움직이는 느낌입니다. 사람에게서 전달받은 강렬한 에너지는 쉽게 잊혀지지 않는 것 같아요.

이렇게 마스터와 교감한 시간은 무대 위에서 더욱 빛을 내게 됩니다. 무용수가 느낀 행복감을 관객도 함께 공감할 테니까요. 작품을 사랑할 수 있도록 만들어주는 아티스트와 함께하는 시간은 무대를 준비하는 모든 무용수들에게 작품의 또 다른 향기로 오랫동안 기억됩니다.

무대를 만나는 시간

공연에 들어가기 약 두 시간 전부터는 개인적인 시간을 가집니다. 식사를 하며 에너지를 보충하거나 잠을 자기도 하고, 연습을 하는 무용수도 있습니다. 사람마다 긴장을 푸는 방식도 다르기 때문에 무대를 준비하는 시간에 무엇을 하는지는 정답이 없습니다.

저는 약간의 잠을 청하고 일어나서 다시 몸을 풀고 무대를 상상하며 긴장되는 마음을 진정시키는 시간을 갖습니다. 간혹 무대가 편안하다고 이야기하는 무용수도 있습니다. 연습실보다 무대에서 집중이 더 잘되고 춤추는 것도 편하게 느껴진다고 합니다. 솔직히 참 부럽습니다. 저는 무대에 선 지 20년이 훌쩍 지난 지금도 너무 긴장되거든요. 오히려 예전보다 지금 훨씬 더 긴장하는 것 같아요. 아마도 무대라는 공간이 주는 힘 때문인지도 모르겠습니다.

몇 개월 동안 성실히 연습해서 무대에 올라도, 내 몸과 마음이 뜻대로 움직여주지 않았던 수많은 경험이 가르쳐준 것이죠. 무대 위의 시간은 되돌릴 수 없이 앞으로만 흘러갑니다. 단 한 번의 순간을 눈앞의 관객에게 바로 보여주게 되고, 그것으로 저의 춤이 평가됩니다. 그렇기에 한 번의 실수가 일어나면 더욱 가슴 아플 수밖에 없습니다.

사실 무대와 객석과의 물리적인 거리는 그리 멀지 않습니다. 한걸음에 달려갈 수 있는 거리죠. 하지만 심리적인 거리는 왜 이렇게도 멀게 느껴지는지요. 무대 위로 스포트라이트를 비추면 객석에 있는 그 무엇도 보이지 않습니다. 마치 암흑 속에서 춤추는 것 같은 기분이 듭니다. 객석과 무대가 아주 멀리 떨어져 있는 것 같은 기분이죠. 홀로 있는 것처럼 느껴졌던 무대 위에서 관객과 함께한다는 것을 느끼는 순간은 바로 객석에서 터져나오는 박수 소리와 함성 소리가 들릴 때입니다. 그러면 그 소리에 또다시 힘을 내어 어떤 어려운 순간이 와도 춤을 이어갈 수 있죠. 객석에서의 박수 소리는 정말 큰 힘이 됩니다.

공연이 끝나고 텅 빈 극장 로비를 지날 때면 왠지 모를 쓸쓸함을 안고 집으로 돌아옵니다. 그러면 이내 고개를 휘휘 저으며 그 공허함을 떨쳐버리죠. 집으로 돌아와서는 지친 발목과 다친 부위를 관리하고, 잠들기 전 침대에 누워 그날의 무대를 떠올려봅니다. 그리고 내일의 무대를 위해서 또 잠이 듭니다.

동료와의 시간

교감 하나.

대학에 입학하고 나서 본격적인 무대 생활을 시작하게 됐습니다. 매년, 학교 정기 발표회부터 크고 작은 다양한 무대를 만나게 됐죠. 혼자 무대를 서야 하는 콩쿠르와는 다르게, 여러 무용수들과 함께 작품을 준비하며 땀 흘리는 시간은 무척 즐겁고 새로웠어요. 함께 무대에 오르기 전과 후에 서로 격려하며 인사를 주고 받는데, 사실 저는 그 순간이 매우 낯설었습니다. 남자 형제, 남자 고등학교 생활에 익숙했던 터라 여학생들과 손뼉을 마주치고 포옹하며 인사를 나누는 것이 정말 어색했습니다. 언제쯤 이 문화가 자연스러워질 수 있을지 생각하며, 친구들의 응원과 격려를 받았어요. 그 이후로 많은 무대를 경험했습니다. 서로에게 용기를 북돋아주는 인사가 얼마나 고마운 것인지 깨달았어요. 좋은 무대를 만들기 위해 작은 것에서부터 교감하는 모든 순간들이 중요한 것임을 자연스럽게 배워나갔죠.

교감 둘.

무대 위에서는 관객들 모르게 무용수들이 만들어가는 그들만의 은밀한 스토리가 있습니다. 작품을 하다 보면 많은 무용수가 동시에 정확한 타이밍에 맞춰 포즈를 취하거나 동작을 해야 할 때가 있죠. 음악이 있을 때는 음악의 박자나 신호에 맞춰 움직이면 되지만, 그렇지 않은 경우도 있습니다. 음악이 없는 무음의 상태 혹은 아주 잔잔한 분위기의 선율이 흐르는 음악 위에서 동시에 동작을 맞춰야 하는 경우, 과연 무용수들은 어떠한 방법을 사용할까요? 바로 '칫'입니다. 입으로 작게 '칫' 소리를 내는 거예요. 모두에게 들릴 만한 위치에 있는 무용수가 신호를 주면, 나머지 무용수들이 그 소리에 동시에 반응하는 식입니다. 객석과 거리가 있는 큰 무대에서만 사용하는 방법이기에 잘 들리지는 않지만, 간혹 무용수가 소리를 너무 크게 내어 객석에 신호음이 들리기도 합니다.

또 발레 작품에는 연기하는 장면도 상당히 많습니다. 무용수들은 자연스러운 연기를 위해서 실제로 대화를 한다거나, 농담을 하는 경우도 있어요. 파티 장면에서 여러 무용수들이 자연스럽게 주인공을 향해 관심을 보이는 장면이 있다면, 약간의 대사를 섞어서 이야기를 나누죠. 자연스러운 대화는 긴장도 풀어주고, 서로에게 좋은 에너지를 줍니다.

무용수들 간의 교감은 매우 중요해요. 서로 호흡을 맞추기 위해서도, 자연스러운 연기를 위해서도 중요하지만, 무대 위에서 예상치 못한 상황이 벌어진다면, 이러한 교감 능력이 빛을 발합니다. 예를 들어 장신구 혹은 무대 세트로 있던 꽃이라도 무대 위로 떨어진다면 어떻게 해야 할까요? 내 것이 아니니 무시하는 것이 아니라 아주 자연스럽게 처리할 수 있는 무용수가 들고 나가거나 마치 계획된 연출인 것처럼 왕자가 공주에게 전해주며 위기를 모면할 수도 있죠. 서로 함께 교감하고 있다면 이러한 실수마저도 공연의 한 부분이자 이야기로 승화시킬 수 있습니다.

교감 셋.
"하나, 둘, 셋! 파이팅!"

무용수들은 무대에 오르기 전, 손을 한곳에 모으고 힘차게 파이팅을 외칩니다. 그것을 해야만 꼭 좋은 무대를 보여줄 수 있을 것 같은 기분이 들기 때문이에요. 서로 사기를 북돋아주고 격려하며 잘하라는 인사를 주고 받다 보면 마음의 안정감도 느낍니다. 정말 힘들게 준비한 작품을 무대에 올릴 때 서로 손을 모으면, 그 순간이 너무나 애틋한 나머지 눈시울을 붉힐 때도 있습니다. 함께 땀 흘리며 고생한 시간은 말하지 않아도 이미 서로가 잘 이해하고 있으니까요.

그렇게 마지막 인사를 나누고 무대에 서면 이제는 정말 잘할 수 있을 것 같지만, 떨리고 긴장되는 마음은 쉽게 사라지지 않습니다. 여러 장면 중에서도 특히 솔로 바리에이션을 준비하는 순간은 극도의 긴장감과 부담감을 느끼는 시간입니다. 여유로운 척 멋있게 손짓을 하며 무대에 등장하고 음악이 나오기를 기다리는 단 몇 초의 시간. 제 마음 속의 시계는 영겁으로 흐르고, 마음의 상태는 이미 카오스의 지경에 이릅니다. 심장은 터질 듯 고동치고, 과도한 긴장은 그동안 정성을 다해 준비해온 연습이 무색할 정도로 온몸의 힘을 빼앗아 가는 것 같습니다.

'이영철 잘해야 해, 삐루에뜨 네 바퀴, 뚜르 앙 레르, 그랑 쥬떼, 쏘 드 바스끄, 다 잘하자! 실수하면 안 돼! 실수하면 안 돼! 제발…'

음악이 흐름과 동시에 저는 반사적으로 그동안 연습해온 춤을 실행에 옮깁니다. 춤 연기를 할 때는 비교적 자연스럽게 음악에 맞춰 동작이 흘러가지만, 테크닉 위주의 동작이 나올 때면 저를 비롯해 무대 위에 있는 동료 무용수까지 긴장하며 지켜보는 것이 느껴집니다. 발레에서 고난도 테크닉을 잘하는 것이 전부라고 할 수는 없지만, 발레리노에게 테크닉의 성공 여부는 자존심이자 실력을 가늠할 수 있는 척도와 같기에 긴장을 늦출 수 없죠.

그렇게 긴장되는 무대를 하면서도, 아름다운 순간을 맞이할 때가 있습니다. 저를 지켜봐주는 동료들의 눈빛, 자신의 역할을 묵묵히 해내면서도 '할 수 있다'는 응원의 마음을 보내주는 그 눈빛을 만났던 순간은 지금도 잊지 못할 기억으로 남아 있습니다. 아무 말도 하지 않았지만 느껴지는 그 에너지, 그래서 우리는 눈을 '빛'이라고 부르나 봅니다. 무대를 시작하기 전 두 손을 모아 응원의 함성을 외치고, 무대 위에서 들리지 않는 마음의 소리와 눈빛으로 서로를 격려해주며, 무대를 마치고 서로에게 잘했다고 다독여주는 이 모든 순간을 저는 교감이라고 부르고 싶습니다. 혼자서는 절대 할 수 없는 일, 발레리노라는 직업을 사랑하는 큰 이유 중 하나이기도 하죠.

위기의 시간

'반복'

이 단어가 주는 의미를 부정적인 것으로 받아들일 때가 있었습니다. 매일 똑같이 반복되는 일상이 고단하고 지루하다고 생각될 때면 이상하게 무기력해지곤 했습니다. 사람들은 그것을 슬럼프라고 부르더라고요. 과도한 연습량과 공연, 잠깐의 휴식과 또다시 시작되는 공연, 그러다 보면 12월의 〈호두까기인형〉으로 지방 순회 공연을 하고 서울 공연을 함으로써 한 해를 마무리합니다. 그리고 언제 그랬냐는 듯이 일 년이 금세 지나고 또 호두를 까고 있습니다.

매일도 반복이지만, 매년 같은 루틴을 겪다 보니 슬럼프라는 것이 제 옆에 바짝 다가와 있었습니다. 몸도 아프고, 마음도 나약해져가죠. '내 인생은 왜 이렇게 재미가 없지? 다른 사람들은 인생을 너무나 다양하게 즐기며 사는 것 같은데, 나는 연습실에 처박혀 살고 있는 것 같아' 하는 생각이 들었어요. 모두 내려놓고 어딘가로 훌쩍 떠나고 싶다는 생각도 듭니다. 이런저런 생각들이 저를 괴롭히고 있을 때, 저에게 보였던 한 선배가 있었습니다. 저와 같은 방식의 삶을 살고 있는 사람, 어찌 보면 저보다도 더 오래 이런 반복된 삶을 지낸 사람이었죠. 그런데 참 이상하게도 그 선배는 매일 새로운 사람처럼 보였습니다. 아픈 날도 없이 늘 발레단에서 인생을 보내는 그런 천하무적 같은 사람이었습니다. 그때까지만 해도 아픈 날로 결근과 병가가 일 년에 30회 가까이 됐던 저는 선배의 성실함이 궁금해졌습니다.

"선배님, 어떻게 그렇게 매일 최고의 기량으로 춤추세요? 사람은 기분이나 컨디션의 영향을 받는 것이 당연한데, 선배님을 보면 늘 한결같은 자세로 춤을 추시는 것 같아요. 저는 도무지 이해가 안 가서요."

선배님의 대답은 아주 간단했습니다.

"발레리노는 늘 몸이 아프고 무겁지. 그런데 머리는 늘 최고의 컨디션이야."

저는 선배의 말에 놀랐습니다. 몸이 아픈지도 무거운지도 모를 만큼 늘 밝은 에너지로 연습실에서 춤을 추는 모습을 보며, 타고난 에너자이저라고 생각했거든요. 그분 역시 반복되는 삶 속에서 머리와 마음을 다스리며 최고의 컨디션을 유지하기 위해 노력하고 있었던 거죠. 그날 이후로, 저는 아픈 날 쉬는 것을 당연하게 여기지 않게 됐어요. 그리고 슬럼프라는 녀석도 툭툭 털어버릴 만큼 강해지기로 했죠.

모두에게 동등하게 주어지는 삶이란 시간. 하루하루 반복되는 시간의 당연함을 이해하고 나니 그 속에서 다름을 발견하게 되고, 나의 하루가 똑같지 않음을, 그리고 나아가 늘 새로움을 깨닫게 됐습니다.

아침에는 바를 잡고, 오후에는 리허설을 하고, 저녁이 되면 공연을 합니다. 다시 내일을 위해 몸을 준비하는 반복되는 이 시간 속에 슬럼프는 찾아올 수도 있지만, 그렇게 무섭지 않음을,

그리고 내가 더 강함을 알게 된 순간이었습니다.

무대를 위한 기도

'아, 그리고 그것으로 저 무지한 사람들의
가슴속을 풍금처럼 울리게 하는
아름다운 시 한 줄을 쓸 수 있도록
허락해주시겠습니까,
하나님.'

이어령 선생님의 《어느 무신론자의 기도》를 읽은 적이 있습니다. 시대의 문학가로 정평이 나 있으신 분의 글이 어찌 이렇게 겸손할 수 있는지, 참 가슴에 와닿았습니다. 아마 그분의 글에서 간절한 마음이 느껴져서인지 모르겠습니다. 꼭 저와 같다는 생각을 했습니다. 무대에 서기 전이면, 저는 참 겸손해집니다. 저의 춤이 관객의 마음에 조금이라도 닿을 수는 있을지, 작은 실수에 중요한 무대를 망쳐버리지는 않을지, 이런 두려움이 엄습해오면 정말 간절한 마음을 고백하며 기도하죠.

저는 두 아버지께 기도를 올립니다.

'사랑하는 나의 아버지, 공연이 시작되는 순간

나의 첫 발걸음부터 무대 막이 내릴 때까지 지켜봐주세요.

제 모든 순간과 함께해주시고 아버지께서 박수쳐주세요.

아버지를 위해 춤추겠습니다.

그리고 전능하신 하나님 아버지,

함께하는 무용수와 관객에게 행복한 공연이 될 수 있게 해주세요.

오늘도 저와 함께해주세요.'

무대는 이렇게 저를 작게 만들지만,

삶에 대한 감사함과 겸손함을 가르쳐줍니다.

제3장

삶 속의 무대

퇴근 후에는
감히 일반인을 꿈꾼다

※

　몇 해 전 봤던 드라마 〈미생〉. 직장인의 애환과 현대인의 삶을 잘 보여준 작품이라 평가받으며 드라마 열풍을 이끈 작품이었습니다. 저도 참 재미있게 봤습니다. 저 역시 직장인으로 살아가지만, 저와는 또 다른 이들의 노동과 삶을 보며 저의 삶을 돌아보는 계기가 됐습니다. 퇴근 후 이어지는 야근과 야근 후 동료들과 술잔을 기울이며 스트레스를 푸는 모습을 보고, 대리 만족을 느끼기도 했고요. '나는 내가 정말 사랑하는 것을 하면서 직장에 다니는 사람이구나'라는 사실을 다시 한번 깨닫고 더없이 감사함을 느끼기도 했습니다.

　형태는 조금 다르지만 발레리노의 삶에도 여느 직장인의 삶과 마찬가지로 퇴근 후 이어지는 야근과 같은 시간들이 있습니다. 발레리노들은 좋은 공연을 보여줄 수 있는 최상의 컨디션을 유지하고, 실력을 기르는 데 집중해야 하기에 퇴근 후에도 휴식과 더불어 몸과 정신을 가다듬는 시간을 많이 갖습니다. 그래서 막상 들여다보면 어떤 부분은 다른 직업군과 비슷할 수 있지만, 아무래도 무대 위에서 공연하는 특이한 직업적 특성 때문에 일반 직장인과는 다른 형태의 일상을 지냅니다. 무대가 아닌 일상에서의 발레리노의 모습은 어떤지 살짝 알려드릴게요.

발레리노의 오후 6시

오후 6시.

퇴근 시간, 무용수들의 눈은 시계를 향합니다. 힘든 하루를 마무리하고 따뜻한 물로 샤워를 하며 몸을 쉴 수 있기 때문이죠. 하지만 이것도 그날의 리허설이 잘되고 다음 날 리허설의 부담이 없을 때 이야기입니다. 힘든 일과 후에 보충 연습을 하는 발레리노도 있고, 운동을 하거나 얼음 찜질을 하며 지친 근육을 관리하느라 퇴근 시간이 한참 지나도 발레단을 떠나지 못하는 발레리노도 있습니다. 연습이 고된 날이면 퇴근해서 저녁 식사를 마친 후 졸음이 밀려와 쓰러지듯 잠드는 경우도 많고요. 그러면 발레리노의 저녁 시간은 송두리째 사라집니다.

발레리노에게 오후 6시는 예민해지는 시간이기도 합니다. 힘든 리허설을 마치고 지친 근육과 허기진 배 때문에 신경이 온통 날카로워지기 때문이죠. 발레 무용수 커플은 이 시간에 가장 많이 다투지 않을까 추측해봅니다.

퇴근 시간인 오후 6시가 되면 가장 먼저 하는 일은 허기진 배를 채우는 일입니다. 발레리노의 저녁 식단은 체질에 따라 다르지만, 저는 특별한 날을 제외하고 공연날이 다가오면 단백질 위주의 식단으로 저녁 7시 이전에 먹으려고 노력합니다. 그리고 약간의 휴식 시간을 갖죠. 이 시간이 제가 정말 사랑하는 시간입니다. 하루 종일 연습으로 지친 근육과 배고픔으로 예민했던 상태가 좀 누그러지거든요.

퇴근 후 재충전을 위한 시간을 갖는 것은 상황에 따라 다릅니다. 따뜻한 물로 샤워를 하고 휴식을 갖기도 하고, 다음 날 컨디션을 위해 가벼운 운동과 스트레칭을 하기도 하고요. 미흡했던 부분을 보완하기 위해 연습실에서 늦은 시각까지 시계를 보며 남아 있는 날도 있죠. 연습을 고되게 한 날은 지쳐 있는 근육이 회복을 하며 경련을 일으킬 때도 있습니다. 보통 근육에 경련이 일어나면 놀라거나 걱정을 하게 되겠지만 저는 그날 연습을 열심히 했다는 방증이라는 생각에 반갑기까지 합니다.

최근에는 발레단에서 후배들의 리허설을 지도하는 일과 안무하는 일들이 생겨서 퇴근 후 보내는 시간도 달라졌습니다. 후배들의 리허설 지도에 집중해야 하는 시즌에는 작품 영상을 체크하며 동작을 전달하는 방법에 대해 고민합니다. 또한 의미 있는 리허설 시간을 만들기 위해 연구하는 시간을 갖습니다. 그리고 안무를 해야 하는 시즌에는 작품에 대한 생각과 자료 조사로 대부분의 시간을 보내죠.

사실 예술을 하는 사람들에게 퇴근 후 일에 대한 개념은 그렇게 중요하지 않은 것 같습니다. 밤이 되면 떠오르는 영감을 내 것으로 만들기 위해 더욱 분주해지고, 그 순간을 놓치지 않기 위해 고군분투하죠. 음악을 들어도 더욱더 섬세하게 느껴지고, 낮에 연습할 때보다 이상하리만치 집중이 잘되기도 해요. 감성이 더욱 풍부해진다고 할까요. 안무에 대한 착상도 밤이 되면 더욱 또렷이 떠오르기에 많은 예술가들이 밤을 사랑하나 봅니다.

퇴근 후 끝나지 않는 연습과 생각들은 다른 사람들이 보기엔 힘들고 고된 시간으로 보일지라도 저에게는 그리고 예술가들에게는 내일을 준비하는 그리고 예술적 동기 부여와 마주하는 너무나 소중한 시간이랍니다.

무한 에너지 충전기, 가족

저의 유년 시절은 그렇게 아름답지 않았습니다. 꿈도 없이 그저 방황하던 10대 청소년이었죠. 초등학교에 입학해 친구들 앞에서 처음으로 발표하던 날, 저는 수치스러움이 무엇인지 경험하게 됐습니다. 남들과 조금 다른 생각들을 이야기했을 때 사회에서 받아들여지지 않았던 그 기억, 누군가의 조롱거리가 되는 것 같은 기분은 저를 아주 초라하고 내성적인 성향의 사람으로 만들었습니다. 저는 방황하는 친구들과 어울리고, 싸우고, 교무실에 불려가고, 가출해서 부모님의 속을 썩이는 못난 아들이었어요.

그럼에도 불구하고 방황을 그치고 이렇게 발레리노로 성장할 수 있었던 것은 부모님의 믿음과 사랑이 있었기 때문인 것 같습니다. 부모님은 아들이 무언가에 열정을 쏟으며 땀 흘리는 모습에 더없이 기뻐하며 칭찬해주셨습니다. 관심과 칭찬은 사람을 변화시키는 힘이 있는 것 같습니다. 어찌 보면 제가 지금 누군가를 후원할 수 있게 된 것도 믿음을 주고 사랑을 주는 것이 얼마나 위대한 일인지 몸소 경험하며 자랐기 때문인 것 같아요. 자연스레 이제는 받은 것을 나눠야 할 때가 온 것이란 생각이 듭니다.

아내와 저는 네 명의 아이를 후원하고 있습니다. 우간다에 살고 있는 오우마 선데이, 탄자니아에 살고 있는 라티파, 콩고에 살고 있는 엠마누엘, 필리핀에 살고 있는 인데이입니다. 결혼 전

국제아동기구인 컴패션 밴드의 안무가로 활동하고 있던 아내의 공연을 보고, 저도 아내와 함께하고 싶다는 마음으로 아이를 후원하게 됐죠. 가난의 끝에서 살아가는 아이들을 위해, 국경을 뛰어넘는 그 사랑을 내가 실천할 수 있을지, 내가 이 아이들을 처음과 같은 마음으로 끝까지 후원할 수 있을지 의문도 들었지만 아이들을 향해 느끼는 연민의 감정을 모르는 척할 수 없었죠.

지금까지 생각해보지 않았던 일을 하려니 조금 어색하기도 했습니다. 하지만 춤을 추는 사람으로서 마음을 울리는 것을 따르게 되는 것이 지극히 자연스러웠다고 해야 할까요. 나의 작은 도움이 온 세상을 구하지 못하지만, 양심을 따르며 살아가는 한 걸음이 아주 작은 변화를 일으킬 것이란 희망을 떠올렸습니다. 가끔 아이들에게 편지를 쓰며, 내일을 꿈꾸며 살아가는 삶을 응원할 수 있음에, 그리고 저의 작은 마음이 아이들의 꿈을 응원할 수 있음에 그저 감사함을 느낍니다.

몇 해 전, 아내를 만나고 결혼한 것은 저에게는 축복과도 같은 일이었습니다. 새로운 가족을 만나고, 함께 춤추며, 꿈꾸는 시간들이 참 감사하게 여겨졌습니다. 아내는 저에게 참 고마운 사람이에요. 제가 내적으로 성숙하고 성장할 수 있도록 많은 지혜를 주고, 삶을 더욱 소중히 여기게 해줬습니다. '가족의 힘이라는 것, 사랑의 힘이라는 것이 이런 것이구나'를 다시금 깨닫게 해준 소중한 사람입니다.

이 책이 출간될 시기에 저는 아빠가 됩니다. 아내의 배 속에 생명이 자라기 시작하고, 생명의 움직임, 그 꿈틀거림을 손끝으로 느끼던 그 순간, 정말 눈물이 나더라고요. 아내와 저는 창작

자로서 살아가지만, 우리 아기 호박이(태명)를 잉태하고서, 이것이야말로 최고의 창작이라 생각하며, 매 순간 깊이 감사하는 마음으로 시간을 보내고 있어요. 발레리노로만 살던 삶에서 한 가정의 가장으로서, 아빠로서의 역할을 하며 살아간다고 생각하니 벌써 가슴이 콩닥콩닥 뛰어요. 발레를 시작할 때 설렜던 그 마음을 다시금 느끼며 제 인생의 두 번째 황금기를 맞이하는 기분입니다. 발레리노, 남편, 아빠, 후원자의 역할을 감당하기에 저는 여전히 부족하지만 사랑을 나누며 살아가는 사람으로 거듭나기를 다짐해봅니다.

꿀 같은 시간, 휴가

발레 전막 공연의 운동량은 축구 전·후반과 연장전을 뛴 수준에 비교할 만큼 엄청납니다. 공연을 준비하는 기간 동안에는 연습과 휴식 외에 다른 일을 병행하기 힘들 정도로 고도의 집중력을 쏟게 되거든요. 몇 달의 시간을 작품과 함께하고 한 시즌을 마무리하고 나면 기다리고 기다렸던 꿀맛 같은 휴가가 주어집니다. 보통 3주간의 휴가 기간을 가집니다. 저는 이 시간을 크게 세 단계로 나눠 휴식의 기쁨을 누립니다.

첫 번째 기간은 '온전한 휴식기'입니다. 무엇을 하려 하지 않고, 무엇도 하지 않는 것을 즐기며 온전한 휴식의 시간을 갖는 것이죠. 가족들과 함께 시간을 보내고 몸 관리 하느라 그동안 못 먹었던 음식도 먹으면서 잠도 충분히 자고요. 보고 싶었던 책과 영화도 보고 친구들도 만납니다. 시간을 좀 더 여유롭게 쓰고, 제 자신에게 관대해지는 시간을 갖습니다. 발레리노라는 직업 특성상 늘 최고의 기량을 발휘하기 위해 긴장감을 유지하고 있어야 합니다. 그래서 휴가 초반에는 스스로에게 보상하는 셈이죠. 늘 무엇에 몰입해 지친 몸과 마음에 충분한 여유를 주는 시간입니다.

두 번째 기간은 '여행과 함께하는 휴식기'입니다. 일상을 벗어나 새로운 공간과 환경에서 맛보는 행복도 느끼고, 낯섦을 통해 예술적 영감을 얻기도 하는 또 다른 휴식이자 재충전의 시간입니다. 매일 아침에 마시는 커피도 여행 속에서 더욱 특별하게 느껴지는 것은 여행 자체가 주는 즐거움 때문이 아닐까 싶어요. 평소에 늘 연습복만 입다가 조금 신경 써서 옷을 차려입고, 여행지의 맛집에 가서 밥을 먹으며 기분 전환을 하는 것도 여행이 주는 소소한 기쁨이죠.

저는 해외로 여행을 갈 때면 꼭 연습복과 발레 슈즈를 챙깁니다. 가끔 아내가 여행 가면서 연습복을 챙긴다고 꾸중 아닌 꾸중도 하지만, 여행지 근처에 있는 발레단이나 스튜디오에 가서 클래스를 들으면, 잘해야 한다는 압박감 없이 정말 즐기면서 춤을 출 수 있기에 꼭 챙겨 가요. 클래스 후에 땀 흘리고 아름다운 경치와 함께 시원한 맥주 한잔이라도 마시면, 정말 천국이 따로 없죠. 최근에는 코로나19로 인해 멀리 떠나는 여행은 어려워졌지만, 그 덕분에 우리 집 옥상에서 즐기는 시간, 동네 산책, 서울 근교로 떠나는 드라이브를 즐길 줄 아는 자세가 생겼습니다. 마음에 여유를 찾고 새로운 것을 보고 받아들이는 시간은 휴식기에 가장 즐기는 순간입니다.

마지막으로 세 번째 기간은 '회복과 준비의 휴식기'입니다. 발레리노는 많은 부상을 갖고 있지만 사실 늘 신체의 아픔과 고통 속에서 살고 있기에 그것을 당연하게 생각하고 대수롭지 않게 여기는 습관이 있어요. 그러한 태도가 때로는 병을 더욱 크게 키우기도 하죠. 그래서 몸에 관심을 갖고, 회복과 치료에 집중하는 시간은 발레리노에게 반드시 필요합니다. 한 시즌을 마무리하고 다음 시즌을 준비하려면 몸 관리 역시 매우 중요합니다. 저는 적당한 휴식을 갖고, 그 이후부터는 신체의 재정비 단계에 들어갑니다. 치료해야 할 부분은 병원에 다니면서 전문 의료진의 도움을 받고, 약해진 근육은 운동을 통해서 근력을 강화합니다. 무용수에게 체력과 근력은 부상과 연결된 부분이기 때문에 휴식기의 끝에는 새로운 시즌을 준비하기 위해 몸을 단련시키는 시간을 갖습니다.

휴식의 방법은 사람마다 모두 다르지만 저는 휴식을 마음의 근육과 몸의 근육을 튼튼하게 하는 시간이라 여기며 소중하고 알차게 보내려 합니다. 이 챕터의 제목을 '꿀 같은 시간, 휴가'라고 붙였지만, 글을 쓰다 보니 휴식기에도 발레리노를 벗어나기 힘든 저를 발견하게 되네요. 삶의 모든 부분이 발레와 연결돼 있기에 휴식의 모든 순간에도 발레리노로 살아가지만, 그렇기에 이 삶이 더욱 소중한 것 같아요. 여러분에게도 발레가 삶 곳곳에 행복을 가져다주는 존재이길 바라며, 이영철의 휴식의 비법은 여기까지 공개할까 합니다.

제4장

무대의 무한한 변검술사, 발레리노

작품 속 발레리노의
다양한 캐릭터 분석

✳

발레리노는 공연을 하며 여러 가지 인생을 살아보게 됩니다. 매번 다른 역할로 무대에 오르다 보면 매 순간 다른 사람이 돼보는 특이한 경험을 하죠. 극 중 캐릭터로 연기하고 춤추지만, 그 순간만큼은 내가 실제 작품 속 인물이 된다는 생각이 듭니다. 그렇게 20여 년을 지내고 나니 상당히 많은 작품의 역할을 했었더라고요. 발레 작품을 보다 보면 주인공에만 집중하기 쉬운데 오히려 작품 속 다양한 인물을 분석해보면 작품을 이해하는 데 도움이 되고, 더욱 재미있게 감상할 수 있게 됩니다.

이번 챕터에서는 단순히 어떤 작품의 어떤 인물에 대한 분석이 아니라, 남성상을 대변하는 성격 유형별로 작품의 각 인물을 찾아가볼까 합니다. 저의 생각이 여러분의 생각과 어느 정도 맞았는지 비교해봐도 재미있을 것 같네요. 제가 이곳에 쓴 분석은 정답이라기보다 제 경험과 제가 작품을 분석한 근간을 토대로 한다는 것을 미리 알립니다.

시종일관 천진난만
유쾌상쾌통쾌

클래식 발레 작품 속에는 호탕한 기질의 남성들이 등장합니다. 단순히 마초의 기질을 뽐낼 수도 있지만 처음부터 끝까지 유머러스함을 입고 관객들의 입꼬리를 슬며시 올라가게 만드는 인물이 있습니다. 〈돈키호테〉의 '바질'처럼 주인공인 경우도 있고, 극 중 짧은 바리에이션에 지나지 않지만 관객을 사로잡는 〈백조의 호수〉의 '제스터'와 같은 인물도 있습니다. 〈돈키호테〉의 '산초 판자'의 경우 현란한 테크닉은 없지만 희극 발레에서 빠질 수 없는 감초 역할을 합니다. 각 인물의 특징을 간단히 살펴보죠.

〈돈키호테〉의 '바질'

역할: 돈키호테의 주인공, 이발사, 선술집 딸 키트리의 신랑
성격: 키트리의 결혼을 반대하는 로렌조 장인에게 꾀를 부려 허락받을 만큼 재치 있는 인물로, 유쾌하고 자신감 넘치는 성격

영철의 해설이 있는 발레

〈돈키호테〉는 스페인의 바르셀로나 광장이 배경인 만큼 스페니시풍의 뜨겁고도 정열적인 느낌이 안무 곳곳에 녹아 있습니다. 주인공 바질은 이러한 안무적 특징을 잘 살려서 연기하는 것이 매

우 중요하죠. 특히 관객의 가슴을 뜨겁게 만들 정도로 남성미 넘치는 테크닉과 아찔하리만치 세련된 느낌을 잘 연출해야 합니다.

바질은 1막의 첫 등장에서부터 연인인 키트리에게 자신의 매력을 어필하기 위해 기타를 연주하며 구애를 합니다. 참으로 스페인적인 설정이지 않을 수 없죠. 이에 걸맞게 바질은 손목을 허리 위에 꺾어 올려놓거나 조끼 밑단을 잡고 발끝을 바라보는 시선 처리, 또 턴 아웃을 하지 않고 발을 나란히 놓은 포지션에서 뒤꿈치를 들어 올리는 동작을 통해 자신의 정체성을 구체화시킵니다.

더욱더 중요한 것은 바질이 우아하고 기품 있게 사랑을 맹세하는 다른 남자 캐릭터와는 확연히 다르다는 점입니다. 바질은 '아름답습니다', '사랑합니다'라는 정형화된 팬터마임 없이 직접적으로 기습 뽀뽀를 하는 등 실제적인 표현에 망설임이 없는 마초입니다. 또 약간은 과장된 표현과 연기로 관객들의 웃음을 자아내죠. 특히, 결혼 승낙을 받기 위해 이발용 칼을 휘두르며 펼치는 자살 소동 장면은 바질의 재치 있는 기질을 무한히 어필하는 부분입니다. 진지하고 무겁게 사랑을 고백하기보다는 무모함을 코믹함으로 승화시키며, 자신의 방식대로 아주 유쾌하게 사랑을 쟁취해내죠. 이렇게 재치 넘치고 솔직한 바질이기에 많은 관객들의 사랑을 독차지하는 듯합니다.

전막을 통틀어 바질의 매력이 가장 잘 드러나는 부분은 3막에 등장하는 솔로 바리에이션입니다. 굉장히 수준 높은 동작들로 구성돼 있기에 콩쿠르와 갈라 무대에서 매우 인기가 높죠. 바질은 이 춤의 첫 동작에서부터 고난도의 기교를 뽐내며 관객의 이목을 집중시킵니다. 극의 흐름상 마지막 춤에 해당되기에 무용수들이 온 힘을 다해 갈고 닦은 실력을 발휘하는 순간입니다. 높이를 가늠할 수 없을 정도로 시원한 점프, 횟수를 헤아릴 수 없을 정도로 빠르고 많은 회전! 바르셀로나 광장의 활기찬 분위기와 어우러져 더욱 매력적으로 다가오는 바질은 관객에게도, 또 춤을 추는 무용수에게도 매우 높은 만족감을 주는 캐릭터입니다.

〈백조의 호수〉의 '제스터'

역할: 왕실 광대
성격: 유쾌하고 에너지가 넘침

영철의 해설이 있는 발레

서양의 귀족이나 왕가 소속의 광대인 제스터는 기득권층에 유희를 주는 존재로, 대체로 박식하고 말재간이 뛰어난 캐릭터입니다. 발레 〈백조의 호수〉에서 왕실 광대인 제스터는 작품의 감초 역할을 해내는 주조연급 캐릭터로, 제스터가 등장하면 무대는 단번에 축제의 현장으로 바뀝니다. 한마디로 〈백조의 호수〉의 분위기 메이커라 할 수 있죠. 그렇기 때문에 일반적으로 제스터 역할에는 젊고 짱짱한 테크니션의 무용수가 캐스팅됩니다.

제스터의 역할을 한번 구체적으로 살펴볼까요? 제스터는 작품 내에서 왕자의 생일 축하 파티를 위해 부름을 받은 인물입니다. 그는 궁정 사람들의 위엄 있는 자태와는 대조적으로 통통 튀는 연기를 선보이죠. 춤도 춤이지만 흔히 '광대' 하면 연상할 수 있는 알록달록한 의상이 가장 먼저 눈에 들어올 거예요. 아, 머리에 딸랑거리는 방울을 달기도 하죠. 총 4막으로 구성된 〈백조의 호수〉에서는 1막과 3막이 궁정 파티 장면에 해당되는데, 제스터는 이 부분에서만 등장합니다. 이때 제스터는 해당 막의 줄거리 전개에 기여하는 동시에 파티에 참가한 사람들의 군무, 왕자 솔로, 각 나라 공주들의 춤과 왕과 왕비들의 팬터마임 사이사이를 채워주는 이음새 역할을 하는 중요한 캐릭터입니다.

또 제스터는 화려한 테크닉을 통해 작품에 활력을 불어넣어 줘야 하는 중대한 임무를 맡고 있습니다. 즉, 제스터의 테크니컬한 춤은 극에 볼거리를 더하는 매우 중요한 포인트죠. 관객들이 발레를 좋아하는 수많은 이유 중 하나가 바로 일반 사람들이 할 수 없는 고난도 테크닉을 인간의 신체로 그려내기 때문일 겁니다. 제스터는 그러한 관객의 기대감을 충분히 만족시켜주는 고난도의 테크닉을 매우 다채롭게 선보입니다. 그러기 위해 무용수들은 수없이 연구하고 연습하죠. 하지만 지나치게 테크닉에만 치중하다 보면, 기예적인 발레를 보여주는 것에 그치기 쉽습니다. 따라서 무용수는 항상 '내가 이 작품에서 어떠한 역할인지', 그리고 '테크닉이 이 캐릭터에게 어떠한 의미인지'에 대한 깊이 있는 탐구의 시간을 가져야 합니다. 존재감 넘치는 왕실 광대의 진면목은 바로 이러한 과정을 거쳐 발휘됩니다.

〈돈키호테〉의 '산초 판자'

역할: 돈키호테 덕후
성격: 어수룩하고 엉뚱함

영철의 해설이 있는 발레

극에는 참 다양한 캐릭터가 존재하죠. 이번에 소개할 산초 판자는 시종일관 어수룩한 모습으로 뒤뚱뒤뚱 걸어 다니는 돈키호테의 시종입니다. 발레 〈돈키호테〉는 동명의 문학 작품을 원전으로 삼고 있죠. 이 소설은 중세에서 근대로 넘어가던 때를 시대적 배경으로 삼아 중세의 기사도 정신을 풍자합니다. 소설 속 돈키호테와 산초 판자는 시대에 적응하지 못하는 인물을 대변하고 있어요. 스스로를 기사로 생각하는 돈키호테는 엉뚱하게도 농부인 산초 판자를 자신의 부하로 임명하죠. 즉, 산초 판자는 망상에 사로잡힌 돈키호테의 엉뚱함을 강조하는 역할이라 할 수 있습니다.

그러나 발레 〈돈키호테〉는 새로운 남녀 캐릭터를 창조해 돈키호테를 조연으로 만들어버립니다. 그러니 산초 판자는 조연 중에서도 또 다른 조연이라 할 수 있겠네요. 이렇게 비중이 많지 않음에도 불구하고 산초 판자를 정성스레 소개하고자 하는 이유는 무엇일까요? 제가 무대에서 만난 산초 판자는 주인공을 더욱 빛나게 해주는 캐릭터였습니다. 그리고 이러한 역할은 우리가 주변에서 마주하는 다양한 사람들의 성격과 모습을 은유적으로 보여줌으로써 존재 자체의 소중함을 일깨워주는 보석 같은 역할이라 생각했습니다.

발레 〈돈키호테〉가 전체적으로 빠르고 유쾌하게 진행된다면, 산초 판자는 어딘가 느릿하고 어설픈 행동으로 속도의 밸런스를 유지해줍니다. 그만의 웃음 코드는 작품의 유쾌함을 더욱 풍성하게 만들죠. 산초 판자는 이야기를 살려주는 감초 같은 역할이기에 화려한 동작보다는 연기와 팬터마임이 주를 이룹니다. 비록 화려한 테크닉으로 주목받는 역할은 아니지만, 어쩌면 이보다 더 어려운 자신만의 애드리브와 창의적인 표현을 연구해야 합니다. '자신만의 개성을 살리되 극의 흐름에 방해될 정도의 과한 동작을 삼가며, 돈키호테와의 호흡을 고려하면서 중심 잡기'. 생각보다 쉽지 않겠죠?

이렇게 볼 때, 산초 판자는 무용수보다 연극 배우에 가깝지만 의외로 훌륭한 테크닉을 보유한 발레리노가 캐스팅되는 경우가 많습니다. 이제 〈돈키호테〉를 감상한다면, 산초 판자에게 집중해보세요. 자신의 기량을 절제하고 연기를 펼치는 이들의 몸짓에 엄청난 내공이 있다는 사실을 느낄 수 있을 겁니다.

우유부단하며 베일에 싸인 당신, 어쩌면 좋지?

클래식 발레의 대명사라 불리는 작품 〈라 바야데르〉, 〈지젤〉, 〈백조의 호수〉의 주인공 '솔로르', '알브레히트', '지그프리드'는 발레리노라면 꼭 해보고 싶은 역할입니다. 멋있는 모습, 주목받는 위치, 발레리노로서 뽐낼 수 있는 다양한 기술이 요구되는 역할이자, 극의 이야기를 끌고 가는 주인공이기에 더더욱 탐나는 캐릭터죠.

그렇지만 역할의 성격과 기질을 보면 사실 이들은 썩 매력적인 인물은 아니에요. 주인공이지만 바람둥이고, 우유부단한 성격에, 사랑하는 사람을 지키지 못하고, 어리석은 생각으로 많은 이들에게 상처를 주는 못난 사람이죠. 도무지 어떤 생각을 가지고 사는지 이해할 수 없는 인물들입니다.

지금의 제가 이 역할의 인물이 된다면, 오히려 그 찌질한 녀석들을 더욱 잘 표현할 수 있을 것 같은데, 이전에는 주인공이니 멋있고 착하게 표현하려 노력했던 것 같아요. 주인공이지만 사랑하기엔 애매한 그 녀석들, 한번 만나볼까요?

〈라 바야데르〉의 '솔로르'

역할: 전사
성격: 용맹한 전사지만 권력을 탐해 사랑하는 여자를 배신하는 나쁜 남자이며, 거절을 못하는 우유부단한 성격

영철의 해설이 있는 발레

〈라 바야데르〉의 주인공 솔로르. 인도풍의 의상과 깃털 장식의 터번으로 한껏 살아나는 그의 이국적인 인상은 관객 못지않게 저에게도 매력적으로 다가옵니다. 〈라 바야데르〉는 흔히 막장 드라마 같은 치정극으로도 알려져 있어요. 무희 니키아, 전사 솔로르, 공주 감자티, 그리고 니키아를 사랑하는 승려 브라만의 음모와 사랑 이야기가 중심축입니다.

따라서 〈라 바야데르〉에서 솔로르 역할의 핵심은 두 명의 여인과 춤을 추기 때문에 파트너마다 특징을 잘 파악하고 있어야 한다는 점입니다. 총 3막으로 이루어진 작품 안에서 솔로르는 세 번의 빠드두를 선보입니다. 1막은 니키아와의 만남의 빠드두, 2막은 감자티와의 결혼식 빠드두, 그리고 3막에서는 니키아의 망령과 함께하는 빠드두를 춥니다.

각 춤의 포인트를 설명해볼게요. 당당하고 힘찬 솔로르의 등장과 함께 시작되는 니키아와의 첫 만남의 빠드두는 무용수와 관객 모두에게 설레는 순간을 선사합니다. 개인적으로 1막의 니키아 의상이 가장 아름답다고 생각됩니다. 사랑하는 여인의 아름다움은 전사 솔로르의 용맹한 자태와 어우러져 어디에도 뒤지지 않는 선남선녀 커플을 완성합니다. 가장 애착이 가는 장면이니만큼

저는 니키아를 바라보는 시선과 뽀르 드 브라에 공을 들입니다.

2막 감자티와의 빠드두는 또 다릅니다. 작품의 내용상 자신의 권력과 지위를 위해 어쩔 수 없이 치르는 결혼이기 때문일까요? 춤 역시 남녀 무용수의 합보다는 각자의 테크닉이 더 많은 비중을 차지합니다. 또한 '솔로르' 하면 대표적인 춤이 이때 등장합니다. 발레리노라면 누구나 '솔로르 바리에이션'을 멋있게 무대에서 선보이기를 원합니다. 담백하면서 깔끔한 동작이 주를 이루지만 춤 안에 솔로르만의 치명적인 매력이 담겨 있거든요. 그래서 이 바리에이션 직전에는 저의 정신이 온통 여기에 쏠려 있죠.

마지막으로 3막 니키아의 망령과 추는 빠드두는 슬픈 감정이 주를 이룹니다. 사랑을 속삭이며 추었던 1막의 춤과 대비를 이루죠. 섬세한 감정 표현과 더불어 기술적인 면에 있어서도 매우 까다로워 제일 어려운 춤이라 할 수 있습니다.

〈라 바야데르〉는 발레단마다 다양한 결말이 있습니다. 솔로르가 아편에 취해 망령의 세계 환상 속에서 끝을 맺는 버전도 있고, 솔로르가 환상에서 깨어나 니키아의 저주로 죽는 버전도 있죠. 그에 따라 살기도 하고 죽기도 하는 가엾은 솔로르이지만, 그의 매력만큼은 거부할 수 없을 것 같습니다.

〈지젤〉의 '알브레히트'

역할: 귀족
성격: 순수하고 아름다운 시골 처녀 지젤에 반해 약혼자가 있음에도 거짓말을 하고 사귀는 나쁜 귀족 남자다. 지젤과 약혼자 모두에게 거짓말을 하는 뻔뻔함까지 갖추고 있다.

영철의 해설이 있는 발레

지젤이 죽어서도 사랑하는 남자 알브레히트. 발레 〈지젤〉은 여주인공인 지젤만큼이나 알브레히트에게도 수준 높은 연기력이 요구되는 작품입니다. 알브레히트의 감정 연기는 1막과 2막의 대비가 중요한 포인트라 할 수 있을 거예요. 내용상 자신의 신분을 속이고 시골 처녀와 사랑하는 장면이 1막이라면, 2막에서는 자신 때문에 죽음에 이른 지젤의 무덤가에 찾아가 후회와 슬픔을 표출합니다.

각 막별로 알브레히트를 분석해볼게요. 1막에서는 비록 지젤을 속이고 시작하는 연애이지만 진짜 사랑에 빠져 행복해하는 모습을 보여주기 위해 노력합니다. 이렇게 차곡차곡 감정선을 쌓아가야 지젤을 짝사랑하는 힐라리온과의 다툼 장면에서 설득력을 가질 수 있어요. 그렇기에 지젤과의 알콩달콩한 춤은 물론이거니와, 수행원이 데리러 오기 전까지 지젤을 생각하며 행복해하는 모습은 아주 잠깐이지만 매우 중요한 장면이라 할 수 있습니다.

제가 특히나 힐라리온과의 다툼 장면에 공을 들이는 이유도 같은 맥락이라 할 수 있어요. 결국 힐라리온에 의해 알브레히트는 신분이 들통나고 약혼녀까지 등장하는 바람에 지젤은 그 충격으로 죽게 됩니다. 이때 알브레히트는 별다른 행동을 하지 않습니다만, 개인적으로 '극의 내용이 더 있었다면 아마 약혼녀를 차버리고 지젤과 결혼하지 않았을까?' 하는 상상을 하곤 합니다. 그만큼 제가 해석한 알브레히트는 지젤에게 빠져 있는 남자입니다.

2막에서 강조하고 싶은 부분은 알브레히트가 지젤의 영혼 연기를 돋보이게 하는 데 굉장히 중요한 역할을 한다는 점입니다. 내용상 죽은 처녀의 영이 된 지젤은 보이지도 잡히지도 않는 존재예요. 이때 알브레히트는 보이지는 않지만 어디선가 그녀의 숨결이 느껴지는 듯한 연기에 혼신을 다해야 합니다. 그렇게 됐을 때 지젤의 영묘한 분위기가 더욱 극적으로 완성되니까요.

그뿐만이 아니죠. 2막에서는 알브레히트의 유명한 솔로 바리에이션이 등장합니다. 이 춤은 〈돈키호테〉의 '바질', 〈해적〉의 '알리'와 더불어 발레리노가 콩쿠르에 참여할 때 선호하는 작품입니다. 바질이나 알리처럼 고난도의 기교와 남성미 넘치는 파워풀한 작품을 하나 보여줬다면, 군더더기 없는 깔끔한 테크닉으로 탄탄한 기본기와 발레리노의 우아함을 보여주기에는 알브레히트만 한 캐릭터가 없으니까요.

더욱이 솔로에 이어 알브레히트가 선보이는 앙트르샤 시스 동작은 어여쁜 지젤을 속여 죽게 만든 나쁜 남자를 단숨에 멋있게 만들어줍니다. 이 테크닉은 공중에서 발을 여섯 번이나 앞뒤로 교차하는 고난도의 동작이에요. 발레리노들은 이 대목에서 자존심 대결을 하듯 28회에서 36회까지 누가 더 많이 뛰어오르나 경쟁하기도 한답니다.

가슴을 울리는 연기에서부터 수준 높은 테크닉에 이르기까지, 알브레히트는 클래식 발레리노가 수석무용수로서 인정받기 위해 꼭 거쳐야 하는 관문입니다.

〈백조의 호수〉의 '지그프리드'

> **역할:** 왕자
> **성격:** 우유부단하다. 배신도 잘하지만 반성도 잘한다.

영철의 해설이 있는 발레

〈백조의 호수〉라는 타이틀만큼 발레리노를 설레게 만드는 작품은 또 없을 것 같습니다. 왕자 중의 왕자 지그프리드. 수석무용수라면 꼭 거쳐가고 싶은 역할이죠. 전막에 걸쳐 〈백조의 호수〉는 화려한 볼거리로 가득합니다. 지그프리드 왕자를 중심으로 살펴보자면, 웅장한 서곡으로 시작하는 왕자의 성인식 장면, 로트바르트와 함께하는 셰도우 장면, 백조와 함께하는 아다지오 빠드두와 흑조 그랑 빠드두, 마지막으로 백조들이 펼치는 발레 블랑 사이로 오데트를 향하는 지그프리드 왕자의 몸짓까지, 〈백조의 호수〉에는 주옥같은 장면이 차고 넘칩니다.

전체적으로 첫 등장에서부터 왕자는 성인이 돼 사랑하는 사람을 찾아다니는 외로운 움직임을 적절히 표현해야 합니다. 또 로트바르트와의 2인무에는 강인한 체력이 필요해요. 참고로 현재 국립 발레단에서 공연하는 〈백조의 호수〉는 러시아 볼쇼이 발레단의 수장이었던 유리 그리고로비치의 버전입니다.

총 2막 4장으로 이루어진 〈백조의 호수〉 중 작품의 중심을 이루는 춤은 단연 1막 2장의 백조 빠드두와 2막 1장의 흑조 그랑 빠드두입니다. 먼저 달빛이 비추는 고요한 호숫가에 도착한 지그프리드 왕자는 백조가 아름다운 공주로 변하는 광경을 우연히 목격합니다. 신비로운 이 순간, 왕자는 로트바르트의 마법 때문에 낮에는 백조로 살아가야 하는 오데트 공주에게 사랑을 느낍니다.

이 장면은 전 세계적으로 갈라 무대에서 많이 공연되는 빠드두예요. 저는 이 장면에서 파트너를 진짜 백조로 생각하려고 노력합니다. 백조를 연기하는 오데트의 뽀르 드 브라를 보고 있노라면 실제로 사람이 아닌 것처럼 느껴지기도 하죠. 이렇게 상황에 빠져들어가면 오데트 공주와의 애절한 연기가 한층 깊어질 수 있습니다.

반면 흑조와 함께 추는 그랑 빠드두는 조금 다른 관점에서 접근할 필요가 있습니다. 우선 흑조가 왕자를 유혹하는 타이밍이 음악과 절묘하게 맞아야 하기 때문에 섬세한 서포트가 필요하거든요. 또 그랑 빠드두인 만큼 왕자의 솔로와 고난도의 테크닉이 등장하는 코다가 배치돼 있어, 둘의 화려한 춤으로 극의 분위기를 이끌어나가야 합니다. 무엇보다 이 빠드두는 내용 전개에 있어서도 매우 중요한 위치에 있습니다. 이 빠드두가 휘몰아치듯 끝나면 왕자가 흑조에게 사랑을 맹세하면서 극의 긴장감이 최고조로 달하는 순간이니까요. 따라서 흑조의 관능적이며 매혹적인 이미지가 강조되는 한편, 여기에 묻히지 않을 만큼 인상적인 왕자의 춤이 필요합니다.

저는 테크닉만큼 무용수의 연기와 표현을 중요하게 생각합니다. 이러한 관점에서 사실 〈백조의 호수〉의 지그프리드 역할은 다소 밋밋하게 느껴지죠. 따라서 제가 지그프리드를 연기할 때는 클래식 발레의 전형적인 틀 안에서 절제된 표현을 강조하는 러시아 스타일과 연기적인 요소를 더욱 부각시키는 유럽 스타일 사이에서 늘 고민합니다. 하지만 제 시도에는 한계가 있기도 합니다. 왜냐하면 발레단에서 공연을 할 때는 안무 버전 자체가 품고 있는 오리지널리티가 무용수 개인의 캐릭터 해석보다 중요하기 때문이죠. 언젠가 저만의 방식으로 지그프리드를 해석한 〈백조의 호수〉를 선보이고 싶습니다. 누레예프가 그랬던 것처럼요.

일편단심 민들레,
그대만을 생각하는 사랑꾼

제목처럼 일편단심 민들레 같은 남자가 무대에서 춤을 춘다면, 많은 여인들이 설레겠죠. 하지만 순정파 사랑꾼 역할이라고 해서 모두 비슷한 캐릭터는 아니에요.

강인한 내면과 육체를 지닌 스파르타쿠스는 국가와 사랑하는 사람을 지키기 위해 싸우는 대표적인 인물이죠. 남성미가 넘칠 뿐만 아니라 자신의 연인 앞에서는 사랑을 향해 절절한 마음을 드러내며 냉탕의 이성과 온탕의 열정을 오고가는 사랑꾼 모습도 갖고 있습니다.

반면 〈호두까기인형〉의 왕자는 좀 다른 사랑의 형태를 가집니다. 원작대로라면 호두까기인형 역할이지만 극 중에서는 사람으로 바뀌어 마리를 위해 순수한 사랑을 보여주는 동화 속 왕자의 전형이라고 할 수 있어요. 호두까기인형을 볼 때만큼은 아픈 사랑보다는 순수함에 초점을 두는 것이 좋겠군요.

이에 비해 사랑에 빠져 이성과 본성을 잃고 서서히 타락해가는 캐릭터로는 〈카르멘〉의 돈 호세를 예로 들 수 있겠네요. 자, 그러면 각자 자신의 사랑을 지키는 삼인 삼색 인물을 만나보시죠!

〈스파르타쿠스〉의 '스파르타쿠스'

역할: 노예, 검투사, 반란군의 지도자, 영웅, 프리기아의 남편
성격: 정의롭고 강인함과 더불어 자비로운 성격의 소유자

영철의 해설이 있는 발레

〈스파르타쿠스〉는 영화나 드라마 등 많은 작품에서 다뤄졌을 만큼 인기 있는 소재입니다. 발레 안무가들에게도 예외는 아닙니다. 발레리나의 연약함과 아름다움을 강조해온 기존 발레와는 차원이 다른 발레, 즉 강인한 남성의 에너지가 작품 전반을 꽉 채우는 독보적인 작품이 바로 발레 〈스파르타쿠스〉라고 할 수 있습니다. 몇 가지 버전 중 천재 러시아 안무가 유리 그리고로비치의 작품이 현재까지 제일 잘 알려져 있어요. 국립 발레단도 이 버전으로 공연하고 있죠.

스파르타쿠스는 모든 발레리노들이 꿈꾸는 역할이라 해도 과언이 아닙니다. 제목에서 알 수 있듯이 작품의 주인공이기도 하고, 무엇보다 발레리노로서 발레리나를 빛나게 해주는 역할에 제한돼 지금껏 절제해왔던 극강의 에너지와 남성미를 있는 힘껏 폭발시킬 수 있는 캐릭터죠. 우아하고 기품 있는 왕자 캐릭터와 대비되는 고독한 검투사 스파르타쿠스.

그의 강인함은 처음부터 끝까지 줄곧 이어지는 남성들의 군무가 빵빵하게 뒷받침해주기 때문에 더욱 강렬하게 다가옵니다. 특히 극 중 악역인 크라수스와의 대결 구도는 스파르타쿠스의 정의로움을 극대화시킵니다. 여기서 끝이 아닙니다. 야성미 넘치

는 모습 이면에 오로지 한 여자 프리기아만을 사랑하는 뜨거운 마음까지 고루 갖추고 있는 남자 중의 남자 캐릭터예요. 발레리노라면 탐내지 않을 수 없겠죠?

그러나 스파르타쿠스는 아무나 할 수 없는 역할이기도 합니다. 바로 엄청난 체력을 필요로 하기 때문이죠. 죽음을 넘나들며 자유를 외치는 그 포효를 드러내기 위해 굉장한 에너지와 높은 수준의 테크닉이 모든 춤에서 요구됩니다. 따라서 무대 위 스파르타쿠스는 그가 처음 등장하는 장면에서부터 마지막 인사까지 모두 관람 포인트일 정도로 명장면의 연속이라 할 수 있어요. 춤 자체가 매우 힘들기 때문에 싸움에서 쓰러지고 이기는 장면은 연기의 수준을 넘어서기도 합니다. 스파르타쿠스 역할을 맡아 전막을 무사히 마치려면 테크닉과 연기만큼이나 체력 안배에도 지혜를 발휘해야 하죠.

무용수들은 고독한 검투사의 리더가 되기 위해 수개월 전부터 고된 연습에 돌입하는데, 이 과정에서 체중이 급격히 줄기도 합니다. 또 실제로 수염까지 기르기도 하는 등 무대 밖 소소한 일상에서도 노예 검투사라는 역할에 한껏 몰입하려는 무용수도 있습니다. 그렇게 힘든 역할이지만, 공연이 시작되고 장면마다 객석에서 뜨거운 박수가 터져 나오면 어떨까요? 수개월의 고난도, 무대 위에서의 고통도 한순간에 사라지고 어느새 자유를 향해 울부짖는 진짜 검투사가 됩니다.

〈호두까기인형〉의 '왕자'

역할: 호두인형, 사탕나라 왕자
성격: 밝고 정의로운 기질의 소유자

영철의 해설이 있는 발레

〈호두까기인형〉 중 왕자는 많은 발레리노를 설레고 긴장되게 하는 역할입니다. 솔리스트가 주인공으로서 검증을 받는 시험대이기 때문이죠. 저를 포함한 수많은 발레리노가 〈호두까기인형〉의 왕자로 주인공 데뷔를 했습니다. 복잡한 연기나 표현 없이 심플한 클래식 동작과 기술적인 역량이 더 강조되기 때문이기도 하고, 다른 공연에 비해 연말에 많은 관객이 찾는 〈호두까기인형〉은 공연 횟수 자체가 많기 때문에 어린 무용수들에게는 기회의 마당이 되곤 하죠. 이 무대에서 실력을 인정받으면 또 다른 기회를 얻을 수 있으니 수석무용수로 올라갈 수 있는 초석이기도 합니다.

연말이 되면 발레리노들에게는 하얀색 무대 위에 펼쳐질 왕자의 강렬한 빨간색 의상이 아주 매력적으로 다가옵니다. 행복한 크리스마스 시즌, 광활하게 넓은 예술의 전당 무대에서 빨간 의상의 왕자가 관객 수천 명이 앉아 있는 객석을 바라보며 홀로 자유롭게 날아다니는 모습을 상상해보세요. 그 설레고 떨리는 무대가 느껴지나요?

무엇보다 관람 포인트로는 새롭게 데뷔하는 무용수들의 떨리고 기대되는 무대를 보는 것과 연말의 분위기를 흠뻑 느낄 수 있는 마지막 공연이라는 점입니다. 발레리노와 발레리나가 조금 더 즐겁고 행복해하는 모습을 볼 수 있습니다. 1막 마지막 부분에서 눈발이 휘날리는 가운데 날아다니는 마리와 왕자의 앙상블과 2막 왈츠 결혼식 빠드두는 이 공연의 하이라이트입니다. 2막의 하이라이트인 그랑 빠드두에서 바리에이션은 마지막의 회전 파트가 어렵습니다. 그래서 이 시기의 발레리노들은 매일 클래스 끝부분에 코다 음악에 맞춰 돌아가며 연습을 합니다.

〈카르멘〉의 '돈 호세'

역할: 경찰
성격: 강직하지만 사랑에 눈이 멀어 타락하는 인물

영철의 해설이 있는 발레

스페인의 매력을 담은 또 다른 발레 〈카르멘〉은 〈돈키호테〉에 비해 다소 과감하고 격렬한 방식으로 남녀의 비극을 담은 작품입니다. 극 중 경찰인 돈 호세는 직업상 지배 계급이고 보수적인 역할이지만, 집시 카르멘의 치명적인 매력에 사로잡혀 타락하고 마는 안타까운 캐릭터예요. 따라서 돈 호세의 성격이 진지하고 무겁게 표현될수록 카르멘의 도발적인 기질이 강조될 수 있습니다.

소재 자체로 자극적인 이 작품은 프랑스의 안무가인 롤랑 프티가 선보였습니다. 이 작품을 계기로 프티는 유럽 발레의 한 획은 그은 인물로 평가받게 됐습니다. 내한 당시 한국 무용계에도 큰 파장을 일으켰죠. 2010년, 국립 발레단은 롤랑 프티의 발

레 〈카르멘〉을 초연합니다. 국립 발레단이 클래식 발레와 러시아 발레단의 작품을 벗어나 유럽의 발레, 그것도 롤랑 프티의 작품을 무대에 올렸다는 사실은 매우 고무적인 일이었습니다. 나아가 국내 초연 무대에서 주인공인 돈 호세를 맡아 춤출 수 있었다는 사실이 아직까지 제 가슴을 뜨겁게 만듭니다. 사실 세계적인 발레 스타인 미하일 바리시니코프가 열연한 〈카르멘〉의 돈 호세를 보고 언젠간 꼭 해보고 싶었던 역할이었는데, 그 꿈이 실현됐던 것이죠.

돈 호세의 춤은 롤랑 프티만의 까다로운 언어로 만들어진 캐릭터입니다. 남자 캐릭터 중에서 이만큼 개성 있고 강렬한 인상을 세련되게 담아내는 역할이 또 있을까 싶을 정도죠. 따라서 저에게 돈 호세는 클래식 발레와 모던 발레 중간쯤 위치하는 새로운 장르로 다가왔습니다. 저는 이것을 '롤랑 프티 장르'라고 표현하고 싶어요. 그렇기 때문에 포즈는 자로 잰 듯 정확해야 하고, 한 여자에게 절절하게 빠져버린 감정에만 몰입해 너무 과하게 표현해서도 안 됩니다. 즉, 사랑에 빠졌지만 이성과 감정 사이에서 방황하며 갈등하는 내면을 잘 조절하며 강직한 호세가 서서히 타락해가는 모습을 연기해야 합니다.

전지적 작가 시점으로
전체를 보는 숨은 주관자

극의 전체를 끌고 가는 이야기꾼인 〈로미오와 줄리엣〉의 로렌스 신부, 그리고 〈호두까기인형〉의 드로셀마이어를 연기하는 것은 발레리노에게 참 행복한 일입니다. 작품에 담긴 많은 이야기와 감정들을 경험할 수 있는 영광을 누리기 때문이죠. 두 역할의 공통점은 주인공이 나누는 사랑, 갈등, 슬픔, 기쁨의 감정들을 매 순간 함께하고, 극을 이끌어나가는 위치에 있다는 것이에요. 그만큼 작품 전체에 대한 이해와 연구가 많이 필요한 역할이기도 합니다.

또 한 명의 관조자 역할이 떠오릅니다. 〈봄의 제전〉에 나오는 파더입니다. 제사장 역할이지만 상징적 코드가 많고, 춤 동작 자체가 상당히 무겁고 고난도의 리프팅을 한 채로 무대 위를 걸어 다니기도 합니다. 파더의 몸짓으로 무대의 관찰자이자 주관자가 되야 합니다. 테크닉과 더불어 상대역인 마더와의 빠드두가 많기에 한순간도 집중력을 흐려서는 안됩니다.

어른들에게 많은 사랑을 받는 로렌스 신부와 어린이들에게 많은 사랑을 받는 드로셀마이어, 묵직한 관조자 파더를 연기하기 위해서 발레리노에게 어떤 면이 필요할지 살펴볼까요?

〈로미오와 줄리엣〉의 '로렌스 신부'

역할: 베로나 성당의 신부, 줄리엣의 멘토
성격: 주인공을 향한 애정과 걱정이 많다. 로미오와 줄리엣의 비극적 운명을 바꿔보려 애쓰지만 역부족이다.

영철의 해설이 있는 발레

비극적인 사랑을 다룬 명작 중 명작. 발레 〈로미오와 줄리엣〉 속 로렌스 신부는 제 발레 인생을 통틀어 최고의 캐릭터입니다. 이 역할로 은퇴를 하고 싶을 정도예요.

발레 〈로미오와 줄리엣〉의 원작은 20세기 중반 러시아에서 만들어졌지만, 제가 소개하고자 하는 버전은 몬테카를로 발레단의 장 크리스토프 마이요가 1996년에 새롭게 안무한 버전입니다. 마이요는 〈잠자는 숲속의 미녀〉나 〈백조의 호수〉 등 대표적인 클래식 발레를 현대적인 시선으로 재해석하는 데 정평이 난 인물입니다. 작품 전체를 독특한 관점으로 해석하는 것은 물론 이를 형상화하는 몸동작에 상징성을 부여하는 것이 특징이죠.

마이요는 〈로미오와 줄리엣〉을 어떻게 바라봤을까요? 마이요가 가장 중요하게 생각한 캐릭터는 바로 로렌스 신부입니다. 어린 남녀의 비극을 그의 관점으로 회상하거든요. 즉, 로렌스 신부는 극의 이야기를 끌고 가기도 하고 늦추기도 하는 주관자이자 작품의 스토리텔러입니다. 언제 등장했는지 모르게 나타나서 세련되고 절제된 동작으로 극 전체에 무게감을 더합니다. 등장할 때마다 무대의 공기와 흐름을 바꿔놓으며 모두를 집중시켜요.

앞서 마이요 안무의 특징이 모든 동작에 의미를 부여하는 것이라 말씀드렸죠. 로렌스 신부의 시그니처 포즈는 가슴 앞에서 양손을 나란히 들고 움직이는 동작입니다. 이때 한 손은 줄리엣, 다른 한 손은 로미오를 의미해요. 이 동작을 통해 마치 자신의 불안정했던 젊은 시절을 떠올리듯, 어린 연인의 비극적 운명을 가슴 속 깊이 비통해하는 로렌스 신부의 내면을 표현합니다.

저는 로렌스 신부를 연기할 때 이 캐릭터가 단순히 작품의 주관자가 아닌 로미오와 줄리엣보다 더욱 무게감 있는 주인공이라고 느꼈습니다. 극의 외부에 존재할 때나 연인의 이야기 속으로 개입할 때나 작품의 초점은 항상 로렌스 신부를 향하고 있음을 느꼈죠. 마이요에게 직접 역할을 지도받으면서 어느 순간 이런 생각도 들었습니다. '로렌스 신부는 마이요 그 자신이 아닐까?' 그 정도로 제가 해석한 로렌스 신부는 작품 전체를 관통하는 절대적인 존재이자, 어쩌면 로미오보다 줄리엣을 더 사랑하는 주인공입니다.

〈호두까기인형〉의 '드로셀마이어'

역할: 마술사, 마리의 대부
성격: 유쾌하고, 자상하며 카리스마까지 있는 멋진 성격의 소유자

영철의 해설이 있는 발레

온 가족과 한 해를 마무리하며 즐길 수 있는 〈호두까기인형〉은

전 세계 발레단의 연말 고정 레퍼토리입니다. 관객들이 설렘으로 가득 찬 만큼 발레리노들에게도 이보다 행복한 작품이 또 없을 것 같네요.

작품 속 드로셀마이어는 어린아이들의 대부입니다. 극 중에서는 마술을 보여주며 아이들의 호기심을 끌기도 하고, 인형들의 춤을 보여주며 연말 파티의 흥을 돋우죠. 또 주인공 소녀인 마리에게 호두까기인형을 선물하는 중심 인물이기도 합니다. 마리의 꿈속에서 호두까기인형은 용감한 호두병정인형으로 변신하고, 그 다음에는 왕자로 또 한 번 변신하죠. 이때 드로셀마이어는 호두병정을 카리스마 있는 모습으로 리드하고, 왕자가 사는 환상의 사탕나라로 두 주인공을 이끕니다.

현재 국립 발레단에서 공연하는 〈호두까기인형〉은 유리 그리고로비치의 버전입니다. 처음 안무를 받을 당시 드로셀마이어를 표현했던 무용수는 이 역할을 고령의 할아버지나 삼촌처럼 표현했고, 그 이후로 이것이 일종의 '드로셀마이어 스타일'로 자리 잡아 지금껏 유지되고 있습니다.

그러나 원작 볼쇼이 발레단 버전에서 드로셀마이어는 젊고 힘이 넘치는 캐릭터로 그려집니다. 이 점이 저에게는 굉장히 신선하게 다가왔습니다. 현실에 존재하는 사람이지만 한편으로는 무대의 전체를 좌우하는 일종의 마법사 역할을 하거든요. 단순히 조카에게 호두인형을 선물하는 친척 어른이 아니라 현실에서 환상의 세계로 우리를 안내하는 인도자 역할을 합니다. 왕자에게 생기를 불어넣어 살아 움직이게 만들고, 마리를 사탕나라로 안내하며, 모든 상황을 알지만 조용히 주재하고 관망하는 역할이라고 볼 수 있죠. 〈호두까기인형〉에서는 드로셀마이어가 나오면서 진짜 이야기가 시작되는 것을 알게 됩니다. 마치 무대의 상황을 마음과 춤으로 설명하는 해설자와 같은 존재라고 할 수 있어요.

〈호두까기인형〉으로 연말 파티를 더욱 특별하게 만들어보세요. 드로셀마이어는 객석과 무대 위에 있는 모든 분들에게 한 편의 마법 같은 동화를 선물하는 주인공입니다.

〈봄의 제전〉의 '파더'

역할: 제사장
성격: 기도를 드리듯이 진지하고 극 내내 무거운 무게감을 지닌다.

영철의 해설이 있는 발레

국립 발레단은 글렌 테틀리(Glen Tetley)의 〈봄의 제전〉으로 공연을 했습니다. 이 버전은 봄을 맞아 풍요로운 삶을 위해 젊은 청년을 제물로 바친다는 내용입니다. 〈봄의 제전〉은 1913년 바슬라프 니진스키(Vaslav Nijinskii)의 발레 초연 이후 레오니드 마신(Léonide Massine), 모리스 베자르(Maurice Bejart) 등 많은 무용가가 재해석했고 글렌 테틀리의 〈봄의 제전〉은 인류가 경험하는 봄의 태동에 초점을 맞췄습니다. 다른 버전과 다른 점은 처녀가 아닌 청년(아들)을 제물로 바친다는 것이죠.

예쁘고 아름다운 발레보다 사방으로 땀방울이 튀고 근육질의 남자들이 팬티 한 장만 걸친 채 등장해 연신 거친 숨소리와 그루브한 움직임을 선보이는 글렌 테틀리의 〈봄의 제전〉. 극이 중반부를 넘어가면 춤이라기보다 몸부림에 가까운 장면들로 채워집니다. 대지의 신 파더와 마더가 함께하는 빠드두는 아름답거나 멋지다기보다는 정말 힘들어 소리치는 절규에 가까웠습니다. 첫 번째 공연 때 체력적으로 엄청난 에너지를 소모해야 하는 작품이라 무대에서 연기가 안 되고 힘들고 지친 표정이 그대로 드러나며 한계를 느꼈던 것이 기억납니다. 힘든 감정을 연기하는데 연기가 아니라 고통스러움이 고스란히 보여질 수밖에 없었죠.

이 작품을 연습할 때 특별한 일이 있었습니다. 안무를 받을 당시 안무 전수자 브론웬 커리(Bronwen Curry) 선생님이 노테이터(무용 표기법 이수자)로서, 영상을 통한 전수가 아닌 안무 기록 노트만 전해준 것입니다. 비유하자면 음악의 악보와 같은 것이죠. 음악에서는 곡을 연주할 때 악보를 보는 것이 당연하지만, 발레에서는 원작 공연과 연습 영상을 보고, 안무자가 설명하는 방식으로 전수가 이뤄집니다.

하지만 무용 표기법으로 〈봄의 제전〉을 만나게 되자 동작이나 스페이싱을 원작에 가깝게 습득할 수 있었습니다. 새로운 작품을 또 다른 방법으로 배울 수 있는 소중한 기회였죠. 비록 힘든 동작에 고통스러워하는 관조자 역할이긴 했지만요. 체력이 뒷받침되지 않으면 아예 시도조차 할 수 없었던 공연 중 하나로 기억됩니다.

집착을 버리지 못해
악인의 경계에 선
비운의 인물들

발레 작품에는 다양한 인간의 군상이 등장합니다. 극 중 주인공은 누구나 기억하지만 발레 작품 속에는 단순히 '악역'이라고 표현하기에는 애매모호한 인물들이 등장합니다. 예전에는 극 중 인물을 그저 선과 악의 이분법으로 나눴다면, 현대에 들어서는 같은 작품일지라도 주인공의 대척점에서 악인의 언저리를 맴돌며 극을 이끌어나가는 조연을 부각시키기도 합니다. 이들의 역할이 두드러져야 주인공이 더욱 입체적으로 살아나거든요.

악역이라고 단정 짓기 모호한 이들의 특징은 무엇일까요? 바로 집착을 하는 인물인 경우가 많습니다. 주로 그런 인물들은 사랑, 권력, 탐욕 등에 집착하며 진짜 중요한 것을 보지 못해서 악인의 경계에 서게 됩니다. 처음 작품을 대할 땐 누구나 밉상으로 보이지만 작품을 이해하면 할수록 그들이 무조건 나쁜 사람이 아니라는 것을 알게 됩니다. 그래서 악역을 하다 보면 약간의 연민이 들기도 해요. 아이러니하게도 그들의 집착이 오히려 그들을 불행하게 만드는 복선이 되거든요.

가장 먼저 생각나는 인물은 〈라 바야데르〉의 브라만과 〈스파르타쿠스〉의 크라수스, 그리고 〈지젤〉의 힐라리온입니다. 특히 브라만은 안무와 연기 자체가 거칠고 과격해서 무용수들 사이에서도 인기 있는 역할이 아니에요. 저 역시 이 역할을 맡았을 때, '하기 싫다'는 생각이 들 정도였으니까요. 그러다가 이 역할을 재해석해보기로 마음먹고, 역할의 재창조를 시도했죠. 대머리에 과격하고 괴팍한 사랑꾼의 모습을 영화 〈300〉에 등장하는 크세르크세스 왕처럼 카리스마 있는 승려가 보여주는 사랑의 표현으로 승화시키자 동료 발레리노들이 생각의 전환이 됐다는 이야기를 해줬습니다. 크라수스는 분명 스파르타쿠스와 맞서는 악역이지만 극을 이끌어가는 중요한 열쇠를 쥔 인물이기도 합니다. 힐라리온 역시 마찬가지예요. 지젤에 대한 오해와 집착에 가까운 짝사랑이 그를 비극으로 몰고 가지만 그 역시 지젤에서 결코 빠져서는 안 되는 인물입니다. 각기 다른 역할이지만, 그들이 버리지 못하는 집착이 무엇인지 함께 살펴봅시다.

〈라 바야데르〉의 '브라만'

역할: 최고 승려
성격: 신까지 배신할 만큼 사랑을 지키기 위해 수단과 방법을 가리지 않는다.

영철의 해설이 있는 발레

고대 이슬람 사원을 배경으로 하는 〈라 바야데르〉에서 브라만은 사원을 책임지는 최고 승려입니다. 그는 왕만큼이나 절대 권력을 가진 인물이지만, 그의 권력은 신에게 종속돼야 하죠. 그러나 작품 속 브라만은 신과의 맹세를 저버리고 사원의 아름다운 무희 니키아에게 마음을 빼앗겨버린 아둔한 남자입니다. 그것도 모자라 니키아가 자신의 마음을 받아주지 않자 분노해 그녀가 사랑하는 전사 솔로르를 저주하는 속 좁은 캐릭터이기도 합니다.

이러한 브라만의 심정은 1막에 집약돼 있습니다. 모든 것을 다 가져도 니키아의 마음은 가질 수 없는 브라만의 모습은 권력자와 애처로운 남성을 넘나들죠. 이것이 바로 작품을 이끌어나가는 원동력입니다. 그러므로 승려와 무희라는 신분을 초월해 니키아에게 구애하는 장면과 질투에 눈이 멀어 솔로르를 저주하는 장면이 포인트입니다.

또한 2막에서 브라만은 솔로르를 처치하기 위해 왕에게 고자질을 하기도 합니다. 그러나 왕이 솔로르가 아닌 니키아의 처형을 명령하면서 브라만의 계략은 실패하게 됩니다. 그의 욕심이 도리어 사랑하는 여인의 목숨을 앗아 가는 화를 자초한 것이죠. 이렇게 악역이 살아야 드라마가 살아나듯, 브라만의 심리 변화는 분명 극의 강약을 만들며 작품을 더욱 재미있게 만드는 지점입니다.

따라서 브라만의 감정은 관객이 단번에 이해하기 쉽게 표현돼야 합니다. 저는 팬터마임과 연기가 대부분인 브라만의 존재감을 살리기 위한 첫 단계로 음악 해석의 중요성을 꼽고 싶습니다. 인물의 감정과 극의 분위기를 표현해내는 음악 선율을 잘 분석해 그에 맞는 속도와 강도로 몸짓을 만들어나가야 하죠. 오로지 몸짓으로 감정을 전달해야 하는 무용수에게 음악은 떼려야 뗄 수 없는 도구입니다. 덧붙이자면, 저는 높은 신분의 승려라는 기존 해석에서 한 단계 더 나아가 강인한 전사 같은 브라만을 표현해보고 싶었습니다. 이를 위해 다른 무용수들의 연기를 찾아보고 종합한 결과, 둥글고 다소 느린 동작보다는 각지고 날카롭고 빠른 팬터마임으로 바꿔 '이영철만의 브라만'을 표현했습니다.

〈스파르타쿠스〉의 '크라수스'

역할: 로마 제국 왕
성격: 화가 많음, 당하고는 못 사는 복수의 화신

영철의 해설이 있는 발레

크라수스는 비록 악역이지만 로마 제국 왕이라는 웅장하고 멋진 모습에 한 번 보고 반해버린 역할입니다. 극 중에서는 웅장한 전투 음악과 함께 막이 열리며 군대를 지휘하는 크라수스가 얼굴 위로 비춰지는 조명을 받으며 등장합니다. 곧이어 로마 군대가 무대 앞을 장악하기라도 할 듯이 퍼져나가죠. 이 날 무대에서 터질 듯했던 심장과 행복감의 기억이 지금도 생생합니다. '쿵작쿵작쿵작 빰~~~밤' 크라수스가 등장하는 모든 장면이 명장면입니다. 첫 등장과 1막의 무희들과 추는 춤은 발레리노들도 무대에서 무척 재미있게 즐기는 장면이에요.

하지만 모든 것을 가지고 있는 막강한 힘의 소유자임에도 불구하고, 자존감이 낮아서일까요? 관대함이라고는 찾아볼 수 없는 데다 자신이 가지고 있는 것에 만족하지 않고 남들이 가지고 있는 것도 다 빼앗아야 직성이 풀리는 성격입니다. 당연히 감정의 기복도 무척 심하고, 스파르타쿠스를 죽도록 미워합니다. 그

런 감정선을 춤 속에 녹여 보여줘야 하기에 어렵고도 매력 있는 역할이었습니다. 감정 연기와 함께 한 장면도 쉴 수 없을 정도로 고난도의 테크닉을 수행해야 하죠. 첫 공연 때에는 체력적으로 너무 힘든 나머지 공연 막바지에 이르러서는 필름이 끊기다시피 정신을 잃을 뻔한 기억도 있습니다. 기절하기 전에 하늘이 노랗게 변한다는 말이 어떤 것인지 알게 해줬던 역할입니다.

〈지젤〉의 '힐라리온'

역할: 시골 청년, 포도밭 농사꾼
성격: 순박하고 보수적이며 고지식함, 융통성이 없음

영철의 해설이 있는 발레

"저는 지젤과 사랑을 했습니다. 매일 마을에 있는 작은 도랑과 논밭을 오가며 이야기꽃을 피우고 사랑을 나눴죠. 그렇게 우리는 말하지 않아도 같은 장소에서 서로를 보기 위해 나서기 일쑤였어요. 결혼할 나이가 된 나와 조금은 어린 지젤. 하지만 나이는 나의 사랑을 막을 수 없습니다. 그녀가 나를 사랑한다는 확신이 있기 때문이죠. 이제 곧 '나와 결혼을 해줘'라고 프러포즈를 할 계획입니다. 마침 내일은 날씨가 화창해서 데이트하기 좋을 것 같습니다. 내일 낮 지젤의 집 앞으로 찾아가 그녀의 얼굴을 보고 깜짝 프러포즈를 하려고요. 그녀는 벅찬 감동과 함께 승낙을 해주겠죠? 아름다운 그녀를 닮은 꽃을 주며 고백할 것입니다. 만

일 그녀가 외출해서 집에 없다면 편지와 꽃을 집 앞에 두고 갈 생각이죠. 마을 친구들은 우리의 사이를 모르고 있습니다. 아직 쑥스러워서 말을 못했어요. 내일 당당하게 승낙받고 마을 사람들에게도 알릴 생각입니다."

위의 독백은 제가 힐라리온을 연기할 때 첫 등장 전에 하던 생각입니다. 단순히 사랑에 대한 미련으로 펼치는 복수극보다 좀 더 이유 있는 상황을 설정해 캐릭터로 만들었습니다. 보는 사람들이 답답함을 느끼게 만드는 것과 동시에 힐라리온이 좀 밉상으로 보여야 지젤과 알브레히트가 돋보이는 면이 있기에 악인과 답답한 조연의 경계선 부근을 오가며 연기해야 합니다.

    결국 힐라리온은 지젤의 착하고 배려심 있는 행동을 보며 그녀가 자신을 사랑하고 있다고 착각한 사람입니다. 순수한 지젤을 보며 그녀의 모든 행동에 의미를 부여한 것이죠. 결국 지젤을 향한 그의 일방적인 마음과 집착이 극의 이야기를 궁지로 몰고 가는 격이 돼버립니다. 힐라리온은 단순히 악역이라고 하기에는 좀 불쌍한 면이 있어요. 조금 눈치가 빠르거나 현명한 사람이었다면 좋지 않았을까 싶어요. 하지만 그랬다면 많은 이들이 사랑하는 〈지젤〉은 탄생하지 않았겠죠.

카리스마의 대명사, 내가 빠질 순 없다

지난 2019년 개봉한 영화 〈조커〉를 기억하시나요? 악당인 주인공이 펼치는 연기는 관객을 압도하기에 충분히 매력적이었죠. 잔인할 만큼 나쁜 역할이지만 그를 이해하게 되면서 악역의 매력을 다시 한번 느꼈던 기억이 납니다.

발레리노는 귀족, 왕자가 되는 영광도 누리지만, 사실 마녀, 악마와 같은 악역을 맡을 때 더 재미를 만끽할 수 있습니다. 내면에 숨어 있는 또 다른 자아를 꺼내어, 상상만으로 끝나야 하는 나쁜 짓을 공식적으로 해볼 수 있는 기회이기도 하거든요.

악역은 등장만으로 극의 흐름을 변화시키고, 리듬을 만들어주며, 몰입과 긴장감을 더해주는 중추적인 역할이기에 춤에 대한 연구와 더불어 손의 제스처, 얼굴 표정 하나하나까지도 섬세하게 연기해야 합니다. 악역만이 주는 무시무시한 카리스마도 존재하고, 한편으로는 매혹적인 섹시함을 무기로 카리스마를 뿜어내는 역할도 있습니다. 시선 하나로 관객을 사로잡으며 사랑받는 역할에는 누가 있는지 한번 살펴볼까요?

〈잠자는 숲속의 미녀〉의 '카라보스'

역할: 마녀
성격: 속이 좁고 편협한 사고의 소유자
동작의 특징: 성격이 괴팍한 할머니 또는 성 정체성이 모호함

영철의 해설이 있는 발레

제가 춤춘 많은 캐릭터 중 등장 장면이 가장 멋있는 역할입니다. 바로 〈잠자는 숲속의 미녀〉의 악역 카라보스죠. 어릴 적 누구나 한 번쯤 접해본 익숙한 동화 〈잠자는 숲속의 미녀〉는 어여쁜 공주가 마녀의 저주로 바늘에 찔려 백 년 동안 잠들지만, 왕자의 입맞춤으로 깨어나 행복하게 산다는 이야기입니다. 카라보스는 공주에게 무시무시한 저주를 건 바로 그 마녀입니다. 동화 속 카라보스가 저주를 내리게 된 이유는 생각보다 어이없습니다. 공주의 탄생식에 초대받지 못했기 때문이었죠.

기존 동화의 내용을 충실히 따르고 있는 발레 〈잠자는 숲속의 미녀〉에서 카라보스는 비중이 그리 크지 않습니다. 발레에서 비중이 크고 작음은 춤을 얼마나 많이 추는지에 달려 있습니다. 또 명칭상 '마녀'는 여자를 뜻하기에 남성 무용수가 추한 여장을 해 무대에 서는 것이 관례이기도 했습니다. 이때 남성의 크고 거친 몸짓은 마녀의 표독스러움을 효과적으로 강조하는 수단이 되죠.

하지만 국립 발레단에서 공연하는 〈잠자는 숲속의 미녀〉는 조금 색다릅니다. 마르시아 하이데(Marcia Haydée)가 슈투트가르

트 발레단의 예술 감독으로 재직했을 때 안무한 버전입니다. 하이데는 권선징악을 골자로 하는 기존 〈잠자는 숲속의 미녀〉에서 '선과 악'의 대립에 주목했습니다. 그녀에게 선과 악은 발레, 그리고 예술을 벗어나 우리 삶을 이루는 근간이었죠. 그 결과 하이데는 〈잠자는 숲속의 미녀〉에서 악역인 카라보스에게 유독 집중하고 이 역할에 상당히 많은 춤을 부여했습니다. 하이데로 인해 카라보스는 새로운 생명을 얻은 셈입니다.

하이데와 발레 마스터들이 보기에 저는 카라보스 역할에 딱 들어맞는 무용수였나 봅니다. 캐스팅이 확정되고, 이영철만의 카라보스 이미지를 구현하고자 했죠. 의상 또한 긴 머리카락과 손톱, 검은 색 바지와 망토를 사용하여 카라보스의 카리스마를 효과적으로 드러내기에 충분했습니다. 사실 춤을 추기에는 참 거추장스러운 모습입니다. 그래서 더욱 세심한 연구가 필요하죠. 하지만 카라보스의 날카로우면서도 시원시원한 스텝을 익히면서 극에 몰입하다 보면, 어느새 무대 위에서 카라보스는 옷과 머리칼도 춤추게 하는 압도적인 캐릭터가 됩니다. 큰 스케일과 긴 러닝타임의 작품 속에서 카라보스는 유일한 악역이다 보니 작품 속 그 어떤 캐릭터보다 자부심을 갖게 되기도 해요.

악역 중에서도 악역, 카리스마로 무장한 카라보스는 발레리노로서 표현과 더불어 연기의 영역을 확장시키기에 더할 나위 없이 훌륭한 캐릭터입니다.

〈백조의 호수〉의 '로트바르트'

역할: 악마부엉이
성격: 교활하고 악랄함
동작의 특징: 악마성을 보여주는 형상의 손 연습에 중점, 귀족 로트바르트와 마법사 부엉이 로트바르트의 다른 느낌

영철의 해설이 있는 발레

〈잠자는 숲속의 미녀〉에 카라보스가 있다면, 〈백조의 호수〉에는 로트바르트가 있습니다. 로트바르트는 작품의 내용만 놓고 본다면, 카라보스보다 못된 짓을 더 많이 하는 역할이에요. 선량한 오데트 공주를 백조로 바꿔놓고 진정한 사랑이 찾아올 때까지 낮에는 백조로 살아야 하는 무시무시한 마법을 걸어놓으니까요. 심지어 왕자가 나타나 오데트에게 사랑을 맹세하자, 자신의 마법이 풀리지 못하게 흑조를 등장시켜 왕자를 속이죠. 다행히 국립 발레단에서 공연하는 러시아 버전에서는 왕자가 로트바르트를 무찌르고 행복한 결말을 맺지만, 다른 버전에서는 오데트 공주를 죽음에 이르게 해 끝까지 그 카리스마를 유지하기도 합니다.

국립 발레단에서 공연하는 〈백조의 호수〉는 유리 그리고로비치의 버전으로, 그가 1969년 볼쇼이 발레단을 위해 재안무한 작품을 2001년 국립 발레단에서 초연하게 됐죠. 초연 당시 영구 레퍼토리로 안무를 전수받았고, 현재까지 국립 발레단의 고정 레퍼토리로 꾸준히 공연되면서 관객들의 사랑을 받고 있습니다. 사실 〈백조의 호수〉는 1877년 러시아에서 처음 제작된 이후로

수많은 안무가들에 의해 개작됐습니다. 그중에서도 한국을 대표하는 국립 발레단이 유리 그리고로비치의 버전을 선택했다는 것은 이 안무작이 그만큼 탁월하다는 것을 의미하죠.

그리고로비치 버전의 특별함은 바로 로트바르트에 대한 해석에 있습니다. 다른 버전에서는 단순히 악마로 그려지는 반면, 그리고로비치의 작품에서는 보다 심오한 의미를 지니고 있어요. 이를테면, 인간 내면에 존재하는 '악함'이라고 할까요? 이러한 추상적인 개념이 작품에서는 '천재적인 악마'로 표현되면서 '왕자의 또 다른 자아'라는 이중적인 설정을 보여줍니다. 이렇게 볼 때, 왕자가 흑조에게 유혹당해 오데트 앞에서 한 사랑의 맹세를 저버리는 장면은 악한 유혹을 기어코 뿌리치지 못하는 인간의 본성으로 해석될 수 있습니다.

이렇듯 매우 중요한 위치에 있는 로트바르트. 저는 이 캐릭터의 악한 느낌을 강조하기 위해 동작을 표현할 때 세심한 주의를 기울였습니다. 왕자가 부드럽고 우아한 라인과 교과서적인 테크닉을 담당한다면, 로트바르트는 강렬하면서도 거친 표현 영역에 있죠. 구체적으로 말하자면, 로트바르트의 손가락을 갈고리 모양처럼 각지게 분절시켜 왕자를 끌어당기는 듯한 느낌을 연출하는 식입니다. 또한 로트바르트는 작품의 내용상 악마일 때도 있지만, 왕자의 생일 파티에서는 귀족으로 변장해 흑조를 데리고 입장하기도 합니다. 전자의 경우 낮은 포즈가 주를 이루었다면, 후자의 경우에서는 가슴을 당당히 펴고 몸집을 크게 만들어 서로 다른 모습을 확실히 강조해야 합니다.

로트바르트가 등장하는 장면들이 모두 인상 깊지만, 그중에서도 왕자와 함께 추는 쉐도우 장면과 2막 흑조 그랑 빠드두에서 등장하는 솔로 바리에이션을 강조하고 싶습니다. 특히 무용수 입장에서 이 솔로 바리에이션은 칠흑같이 어두운 공간에서 눈을 직접적으로 비추는 조명 하나만 바라보고 춤을 추는 듯한 느낌이 들어요. 그만큼 굉장히 어지럽고 어려운 춤이니 관객분들의 열렬한 환호가 발레리노에겐 더욱 힘이 됩니다.

〈돈키호테〉의 '에스파다'

역할: 투우사 대장
성격: 느끼하고 섹시한 매력의 소유자

영철의 해설이 있는 발레

전막 공연을 할 때 무용수들은 주역보다 조연급 캐릭터에 더 탐을 내기도 합니다. 부담은 덜면서도 확실한 인상을 줄 수 있고, 또 춤 자체가 너무나 매력적이기 때문이죠. 발레 〈돈키호테〉에 등장하는 투우사의 리더, 에스파다가 대표적인 캐릭터입니다.

스페인의 정취를 한껏 담아낸 발레 작품이기에 〈돈키호테〉는 무대 세트와 의상과 소품, 그리고 춤에 이르기까지 곳곳에서 온통 스페인의 정열이 느껴집니다. 대표적인 투우의 나라 스페인답게 당당하고 의기양양한 기세의 투우사도 빠지지 않고 등장하죠. 스페인에서 최고의 인기를 누리는 투우사 에스파다는 남성미를 물씬 풍기는 캐릭터입니다. 강렬한 눈빛은 기본이고 그의 강렬한 춤사위를 한번 보면, 관객뿐만 아니라 무용수 역시 반하지 않을 수 없습니다.

동작의 포인트는 스페니시풍이 가미된 발레 테크닉에 있습니다. 이러한 동작들은 발레리노의 다리 라인을 더욱 돋보이게 합니다. 사실 투우사라는 캐릭터는 오페라나 연극 등의 다른 장르에서도 만날 수 있습니다. 그러나 발레만큼 투우사의 매력을 가장 잘 드러내는 장르는 없을 것 같습니다. 발레가 다리의 미학을 강조하는 예술인 만큼 잘 훈련된 발레리노의 신체 라인은 에스파다를 만나는 순간 그 빛을 발하죠.

1막에서는 투우사 앙상블의 칼 군무가 포인트이며, 2막에서는 술집에서 추는 솔로가 인상적입니다. 에스파다에게 가장 중요하게 요구되는 테크닉이 무엇이냐고요? 바로 '망토를 얼마나 능숙하게 휘날리며 춤을 추는가'랍니다.

제5장

작품의
또 다른 기획자,
안무가

안무의 출발점과
발전의 경로

✻

　사람들은 일상에서 벗어나 여행하는 일을 매우 소중하게 여깁니다. 고된 삶에서 벗어나 새로운 풍경을 발견하고, 사람을 만나고, 맛있는 것을 먹고, 낯선 경험을 하는 것, 그 짧은 시간이 가져다주는 행복은 상상 이상으로 매우 크죠. 일상으로 돌아오더라도 그때를 추억하며 보내는 시간은 또 다른 기쁨을 전해주기도 합니다.

　저는 시간이 날 때면 여행하는 사람들의 다큐멘터리나 캠핑족들의 일상을 즐겨 찾아봅니다. 화면 속 그들의 삶을 바라보는 것만으로도 힐링과 동시에 재충전되는 것을 느끼죠. 요즘은 코로나19 상황으로 인해 여행이 더욱 소중하게 다가오고 있습니다. 지난 여행 사진을 들춰보기도 하고, 아내와 함께 훌쩍 떠났던 여행에 대한 이야기로 몇 시간을 보내기도 합니다.

　아내와 저는 여행을 준비하는 스타일이 많이 달라요. 제가 여행지의 어떤 것이 좋은지, 어디를 꼭 가봐야 하는지 미리 계획하는 편이라면, 아내는 무계획이 계획이라는 생각으로 여행을 떠나죠. 하지만 우리의 공통점은 치밀하게 계획을 세우더라도 여행에서 마주하게 되는 새로운 환경과 상황을 받아들일 열린 마음이 있다는 것, 그리고 낯섦을 받아들일 호기심이 무궁무진하다는 것입니다. 이러한 일련의 과정은 여행이 가져다주는 인생의 또 다른 성장 요인이자 풍요의 가치라 생각합니다.

저에게 안무는 마치 여행과도 같습니다. 무대는 저의 삶을 다른 방식으로 풍요롭게 해주고, 성장하게 하는 놀이터와 같다고 할까요? 하나의 작품을 만들기 위해서 주제를 정하고, 움직임을 상상하며, 음악, 의상 등 많은 것을 계획하지만 계획대로 흘러가지만은 않아요. 이것만 봐도 안무는 여행하는 것과 참 닮았습니다.

처음에는 안무라는 것이 그리 어렵지 않다고 생각했어요. 그저 재밌고 신나는 일, 매력적인 일이라 여겼습니다. 무언가를 창조하는 사람, 즉 안무자로서 세상에 하나뿐인 나만의 작품을 만들어야겠다는 자신감과 포부도 가득했죠. 그동안 참여한 작품만 수백 편인 데다 롤랑 프티, 마츠 에크, 이리 킬리안, 장 크리스토프 마이요, 보리스 에이프만과 같은 사람들과 작업한 경험도 풍부했기에 안무를 생각하면 마치 즐거운 여행을 준비하는 것처럼 느껴졌어요.

하지만, 기대와 달리 시작의 설렘보다도 힘든 과정에 많이 부딪혔습니다. 무용수의 영역과 안무자의 영역은 완전히 달랐죠. 주제를 정하는 것, 작품의 내용을 한 줄 적는 것, 동작을 하나 만들어서 무용수들에게 전달하는 것조차 쉽지 않았습니다. 머릿속에 가득했던 상상들은 허공으로 흩어지듯 사라졌고, 오랜 시간 무대 생활을 하며 누구보다 잘 알고 있다고 자신만만해하던 무대 역시 갑자기 너무 멀게 느껴졌죠. 춤을 처음 시작할 때 수많은 시행착오를 겪으며 실력을 쌓았듯이 저는 여전히 길을 찾아가고 있는 중입니다. 이젠 안무가라는 목표이자 꿈을 향해서 말이죠.

첫 번째 작품,
⟨빈 집⟩(2015)

#내 생각의 깊이가 얼마나 얕은지 알게 됨
#동작을 만드는 것에서 끝
#어떻게 만드는지 무슨 생각을 담는지 일차원적임
#시인의 시 #상상하고 해석하고 움직임으로 승화시키지 못함
#작가로서 이야기 無 #영상 많이 봤어 #모방은 안 했어
#양심적으로 했어 #당시 이별의 상태 #듀엣으로 만들어야지
#계획 無 #연습실 시연 반응 좋음 #자만심
#무대에 대한 생각 無

⟨빈 집⟩을 처음 안무하면서 어떤 과정을 겪었는지 떠올리려 메모를 찾아보니 이렇게 정리가 되네요. 하하하. 제가 얼마나 안무에 대해 준비가 부족했고 어려워했고 자만했는지 알 수 있는 말들이죠.

당시 저는 연인과 이별을 하고서 상실의 아픔을 겪고 있었습니다. 안무를 하려면 주제를 정해야 하는데 제 심정이 이별의 아픔에 갇혀 있다 보니 자연스럽게 이별을 주제로 선택하게 됐어요. 다시 생각해도 여기까지는 나름대로 괜찮았던 것 같아요. 자신이 현재 처해 있는 상태를 춤으로 만들어 풀어내는 것은 다른 예술가들이 자연스럽게 취하는 길과 다르지 않으니까요. 프로

그램에 실릴 작품의 내용을 생각하며 자료를 찾아보던 중, 우연히 만나게 된 기형도 시인의 〈빈 집〉은 곧 작품의 내용이 됐습니다. 엘리엇 스미스(Elliot Smith)의 비트윈 더 바(Between the Bars)라는 이별곡을 배경 음악으로 선정했고요. 여기까지는 모든 것이 그럭저럭 쉬웠습니다.

사실 주제를 정하는 것, 음악을 선택하는 것은 전혀 어렵지 않았어요. 그것이 제게 크게 중요하지 않았기 때문이죠. 당시 저는 오직 첫 작품에서 내가 만든 움직임을 멋있게 보이고 싶다는 생각에만 집중돼 있었습니다. 하지만 고난은 거기서부터 시작이었어요. 발레리나 한 명을 캐스팅한 후, 움직임을 어떻게 만들어야 하는지 그리고 어디서부터 시작해야 하는지 도저히 떠오르지 않았죠. 그동안 안무를 받아서 알고 있는 순서만 따져도 수만 개는 될 텐데, 내 작품의 움직임을 만들려니 한 동작도 떠오르지 않고, 몸이 전혀 움직여지지 않았습니다.

매일 두 시간씩 연습을 하기로 계획을 세워놓고 30분도 채우지 못하거나 한 동작도 만들지 못하고 무용수를 돌려보낸 날도 많았습니다. 안무를 받으러 와서 기다리고 있는 무용수를 보고 있노라면, 긴장한 탓에 연습할 때보다 더 많은 땀을 흘리기도 했습니다. 발레단 식구들 앞에서 시연을 하는 날이 다가올 때는 더욱 긴장되고, 애가 탔죠. 우여곡절 끝에 작품을 완성시키고 드디어 시연을 했습니다. 하지만 결과는 뜻밖이었어요. 예상과는 달리 반응이 좋았던 것입니다.

그런데 그것이 독이 됐던 것일까요? 안무를 완성하면 모든 것이 끝이라 생각하고 태연하게 무대를 올라갈 날을 기다리며,

무대 리허설을 하게 됐어요. 그날, 저는 안무자로서 제가 얼마나 무지했는지를 다시 한번 여실히 느꼈습니다. 스태프들과 어떻게 소통해야 하는지, 무대를 어떻게 사용해야 하는지, 조명을 어떻게 설명해야 하는지조차 몰랐거든요. 한정된 리허설 시간 동안 스페이싱, 의상, 조명 등 무대 전반에 걸쳐 체크해야 하는 많은 요소를 제대로 소화하지 못한 채 저의 첫 작품은 무대에 올랐습니다.

'수많은 작품과 무대를 경험한 발레리노로서 앞으로 내 인생에 성장이란 것이 있을 수 있을까?'

스스로에게 질문을 던지며 시작했던 첫 안무작 〈빈 집〉은 제게 또 다른 성장의 영역을 보여줬습니다. 그리고 그동안 무대 위에서 익숙하게 받아왔던 모든 대우들이 당연하지 않음을 느낀 것은 '인간 이영철'에게도 큰 배움의 시간이었습니다.

허술하게 지어진 이영철의 첫 안무의 세계, 〈빈 집〉.

저는 그렇게 안무의 첫 여행길에 오르게 됩니다.

안무의 즐거움을 깨닫게 해준 작품,
〈간姦〉(2018)

첫 작품 〈빈 집〉 이후로도 저는 몇 해간 지속적으로 작품을 안무했습니다. 어렵고 힘들었지만 쉽게 포기하지 않는 성격 덕분에 '몇 번만 더 해보자, 조금씩 나아지겠지'라며 스스로를 다독였죠. 안무에 대한 매력은 충분히 느끼고 있었기에 잘하고 싶다는 마음도 커졌습니다. 정말로 해를 거듭할수록 조금씩 발전하고 있다는 것도 느꼈어요. 자신감도 더해지면서 차기작 〈3.5〉를 안무할 때는 열여섯 명의 무용수를 무대에 세우기도 했습니다. 또 다른 안무작 〈미운 오리 새끼〉에서는 무용수들의 삶을 인터뷰하며, 안무 과정에서 중요하게 여기는 리서치 방법도 시도해봤죠. 그럼에도 불구하고 여전히 저는 무지했고, 안무의 어려움과 힘든 과정을 더욱 실감하는 시간을 보냈습니다.

    리허설에 들어가면 저의 고민들이 무용수들에게도 고스란히 전해졌습니다. 당연히 분위기는 침울해질 수밖에요.. 그것 역시도 안무자의 태도에 대한 경험 부족에 따른 결과였습니다. 그래도 안무 작업을 멈출 수는 없었습니다. 이 어려움을 극복하고 싶었어요. 그럴 때마다 저에게 좋은 인상으로 남아 있는 안무가들을 떠올려보기도 하고, 제 작품에 출연하는 무용수들이 행복해하는 모습도 상상해봤습니다.

    안무에 대한 이런저런 고민과 생각을 당시 여자친구였던 지금의 아내에게 이야기했어요. 아내 역시 안무에 대한 경험이 많은 무용가였기에 저의 고충을 잘 이해해줬습니다.

"안무를 잘하고 싶어. 그런데 어떻게 하는 것이 잘하는 것인지 잘 모르겠어."

저는 잘하고 싶다는 말을 되풀이하며, 앞으로 어떻게 해야 할지에 대해 대화를 시작했어요. 그때 아내는 지금까지 제가 해온 작품에 대해서 이야기하며 이런 충고를 건넸습니다.

"그동안의 작품들은 이영철의 고백. 마치 일기와 같은 주제였잖아. 자신의 감정을 풀어내는 작업들…. 이번 작업에서는 안무가로서, 작가로서 조금 더 깊이 있게 주제를 생각하고 접근해보면 어떨까? 그대의 작품이 세상에 나왔을 때, 조금 더 사회와 연결될 수 있는 주제를 다뤄보면 좋을 것 같아. 발레의 언어로 보편적인 메시지가 있는 작품에 대해서 고민해봤으면 좋겠어."

그리고 아내는 작품을 만들면서 어려운 지점을 만날 때 무용수들과 함께 난관을 극복했던 경험담을 들려줬습니다. 아내의 이야기만으로도 작업하는 과정의 기쁨을 상상할 수 있었어요. 그때 저는 처음으로 '아, 안무라는 것은 공동의 작업. 무용수와의 협업이구나'라는 생각을 하게 됐습니다.

아내와의 대화 후, 이번에는 다른 방식으로 고민을 시작했습니다. 다음 작품을 구상하기 위해 음악을 틀어놓고, 연습실에 누워 음악을 듣고 있던 날이었습니다. 그동안의 시행착오를 줄여나가겠다는 다짐을 품고, 첫 번째로 생각한 것이 바로 '주제 찾기에 진지해지기'였습니다. 진지한 태도가 늘 좋은 것만은 아니지만, 저에게 부족한 깊이에 대한 고민을 해보려는 시도였죠.

그런 생각으로 음악을 들으며 장면들을 떠올리다 보니, '여자'라는 단어가 떠올랐습니다. 만약 이전의 저라면, '그래, 이번 주제는 여자다!' 했겠지만 이번에는 달랐습니다. 노트에 '여자'라는 단어를 적어놓고 사유하는 시간을 가졌습니다. 수많은 언어로 규정할 수 있는 여자라는 주제에 안무가로서 어떠한 메시지를 담아서 작품으로 만들 것인지 고민이 됐습니다. 이런저런 생각을 하며, 책을 찾아보고, 구글 서치도 해봤습니다. 시간을 들여 계속해서 마인드 맵을 그려나갔습니다. 생각들이 너무 방대해지는 느낌이었지만, 하나로 모을 방법을 찾지 못해 일단 계속 해나갔습니다.

그러던 어느 날, 지인을 만나 작품에 대해 대화를 하던 중 '계집 녀(女)' 세 개가 모인 '간음할 간(姦)'이라는 한자를 만나게 됐습니다. 막연히 여자에 대한 작품을 만들고 싶다는 생각뿐이었던 제게 여성에 대한 비뚤어진 시선과도 같은 간(姦)이라는 한자는 큰 호기심을 불러일으켰습니다. 우리가 살고 있는 이 시대와 사회에 꼭 필요한 이야기일 거란 확신이 들었죠. 고대 중국에서 탄생한 글자 속에 존재하는 여성을 바라보는 편견이 몇 백 년이 지난 오늘날까지도 이어져오고, 그로 인해 사회적 문제가 많이 제기되고 있음을 알기에 남성 안무자로서 문제의식을 갖고 작품 〈간〉을 만들어야겠다고 생각했습니다.

여자 셋을 간(姦)으로 표현한 것.
그것은 어디서 온 오만이며 누구의 편견이었을까.
여자들을 바라보는 우리의 시각, 그것이 오만과 편견이다.

한자의 '간(姦)' 자를 하나씩 해체해보며 시작된 다양한 생각을
여성에 대한 고질적인 사회적 편견과 연결 지어본다.

여성을 바라보는 사회적 시각에 변화를 추구하며,
남성과 여성의 서로 다름과 여성 본연의 아름다움을
발레를 통해 바라보는 시간을 가지고자 한다.

- 작품 내용 중 일부 발췌

주제가 정해지면 다음 단계는 무용수 캐스팅입니다. 안무자마다 무용수를 캐스팅하는 기준이 완전히 다르지만, 저는 주로 작품의 주제에 맞는 무용수의 이미지와 신체 라인의 아름다움, 그리고 탁월한 기량을 기준으로 캐스팅했습니다. 하지만 이번 작업에서는 미(美)와 실력보다 작품에 혼신의 힘을 쏟을 수 있는 무용수, 작품을 만드는 데 많은 시간을 할애해줄 수 있는 무용수, 공동 작업의 의미를 함께 나눌 수 있을 만한 열정적인 무용수를 찾고 싶었습니다. 그런 사람들과 함께 작품을 만든다면 더욱 몰입할 수 있을 거라 생각했죠. 그런 고민 끝에 캐스팅한 무용수는 바로 발레단의 신입 단원, 그리고 인턴 단원이었습니다. 수석무용수나 경험이 풍부한 무용수들을 캐스팅하던 것과는 완전히 다른, 파격적인 선택이었죠.

걱정과 우려 속에 시작됐던 첫 연습은 성공적이었습니다. 미리 짜둔 안무를 무용수에게 전달했던 이전의 방식과는 달리, 무용수들에게 이번 작업의 주제에 대해서 이야기하고, 서로의 생각과 경험을 공유하는 시간을 가졌죠. 그런 시간들이 꽤 큰 힘

을 발휘했습니다. 무용수들이 이영철의 작품에 출연하는 것이라고 생각하기보다 자신의 작품이라 여기며 참여해주는 것 같았죠. 제가 그들의 경험과 이야기를 존중한다는 것을 느낀 덕분인지 동작 하나하나에 내적인 의미를 찾아가며 춤추는 모습에 저 또한 감격스러웠습니다.

무용수들은 자신의 시간을 기꺼이 작품에 내어줄 만큼 열정적이었어요. 보통은 발레단에서 짜놓은 리허설 시간에 작품 연습을 하거나, 퇴근 후 한 시간 정도 시간을 할애해줄 것을 부탁해 안무를 진행하는 편입니다. 하지만 이번 작업에서는 오히려 무용수들이 열의를 보이며 자신의 시간을 내어줬습니다. 동작의 디테일을 맞추고, 장면의 당위성을 찾아가며 새벽까지 연습이 이어진 날에도 웃음이 끊이지 않을 만큼 좋은 분위기가 이어졌어요. 제가 막히는 부분에서는 무용수들이 반짝이는 아이디어를 내놓아 해결하기도 했고, 춤을 추며 자신이 느낀 부분을 자유롭게 공유하기도 했죠. 그러던 중 이전에 제 작품에 출연했던 한 무용수가 이런 이야기를 하더군요.

"선생님의 이전 리허설 방식과 너무 달라서 놀랐어요. 이번 작업에 함께하게 돼 정말 행복합니다."

작품이 좋다는 평가보다 더없이 기쁘고 고마운 말이었습니다. 함께해주는 무용수가 제 작품에서 행복함을 느낀다는 평가는 마치 제가 이리 킬리안의 작품에 출연했을 때 느꼈던 감정과 비슷하지 않을까 하는 생각에 웃음도 지어졌어요. 아마도 그 말은 제 가슴속에 오래 남게 될 겁니다.

작품 〈간〉을 준비하는 시간은 관객의 환호보다 먼저 내가 나에게 떳떳할 수 있는 작품, 그리고 작품에 출연하는 무용수가 보내는 박수의 가치가 얼마나 귀한 것인지를 깨닫게 해줬습니다. 그리고 작품을 무대에 올리고서 저는 진정으로 안무의 기쁨을 맛보았습니다. 작품이 초청되는 영광을 누려보기도 하고, 관객들로부터 뜨거운 박수도 받았습니다. 그 여운은 상당히 길게 남았습니다. 춤을 추는 짜릿함에서, 창조하는 일의 기쁨을 느끼게 된 소중한 여정. 그때를 이렇게 다시 회상하니 진정한 행복이 무엇인지 어렴풋이 알게 되는 것 같습니다.

세계관의 확장이라 평가받은 작품,
⟨Dance to the Liberty⟩(2019)

2019년 국립 발레단의 시즌 첫 무대는 ⟨Dance into the Music⟩이란 공연으로 시작됐습니다. 이때 기획 공연은 갈라 형식으로, 클래식 레퍼토리 하이라이트와 소품, 안무가 육성 프로젝트 'KNB Movement Series'에서 주목받은 단원들의 안무작들이 라이브 연주, 해설과 함께 공연되는 형태였습니다. 공연의 기획 단계에서 이번 공연의 음악 감독이자 평소 정말 좋아하는 아티스트인 피아니스트 조재혁 님으로부터 한 통의 전화를 받았습니다.

"영철, 이번 공연에서 'Liber Tango' 곡을 색다른 악기 구성으로 연주하고 싶은데, 영철이 이 음악에 꼭 작품을 안무해주면 좋겠어. 영철이라면 뭔가 새로운 느낌으로 표현할 수 있을 것 같아!"

전화를 끊고 저는 잠시 멍해졌어요. 탱고 곡이 멋지다고는 생각해왔지만, 한편으로는 뚜렷한 개성이 있는 곡이라 늘 피하던 장르였기 때문이죠. 탱고라고 하면 늘 붉은색, 강렬함, 원초적인 느낌처럼 제한적인 상상만 떠올랐던 탓에 안무를 하는 것이 그렇게 매력적으로 다가오지 않았습니다. 그런 탱고가 저에게 딱 주어진 거였죠. 그때 저는 두 가지 생각이 들었습니다. 다른 곡으로 바꿔달라고 할 것인가, 아니면 나만의 탱고 작품을 만들 것인가. 과연 저는 어떤 선택을 했을까요?

네, 저는 이번에도 역시 모험심을 발휘했습니다. 자신에게 한계를 두지 말고 도전해보자고요. '이번엔 탱고다!' 했죠. 탱고를 머리와 마음속에 새겨놓고, 하루 종일 탱고를 듣기 시작했습니다. 다양한 연주자들이 각자의 느낌으로 연주한 버전의 음악들을 들으며, 저 역시 나만의 탱고를 어떻게 만들지에 대한 생각을 펼치기 시작했어요. 탱고라는 음악이 어떻게 탄생하게 됐는지, 어느 나라에서 시작하고, 누구에 의해서 연주됐으며, 춤으로 어떻게 발전하게 됐는지에 대한 정보를 차근차근 찾아 나섰습니다. 그 과정에서 다양한 이야기들을 알게 되고, 음악도 접해봤지만 막상 안무를 시작하려고 하니 막막했어요. 늘 보던 비슷한 느낌의 동작들만 나오고 있었죠.

그러다 하루는 아내와 함께 작품에 대한 이야기를 나누었습니다. 며칠 동안 옆에서 지겹도록 탱고 음악을 들으며 아내도 무언가 떠올리고 있는 것 같았어요. 저는 탱고에 대해 제가 알고 있는 지식을 두서없이 늘어놓으며 탱고에 미쳐 있는 저의 상태를 가감 없이 표현했죠. 그때 아내가 조용히 생각하더니 "음…. 난민…"이라고 말했습니다. 저는 "응?" 하고 반문했어요. 아내는 과거에 만들어진 탱고가 오늘날의 난민을 떠올리게 한다는 것이었어요.

"며칠 전에 TV 프로그램에서 난민들이 목숨을 걸고 바다를 건너 육지에 가까이 다다를 때 기쁨의 노래를 부르는 것을 봤는데, 그때 그들이 살아서 바다를 건넌 기쁨과 나라가 없는 그들의 아픔이 동시에 느껴졌거든…. 탱고의 기원과 연결되는 부분이 있는 것 같아서."

아내의 말을 듣고 저는 그 프로그램을 찾아서 봤습니다. KBS 다큐공감 '죽음의 난민 루트를 가다'라는 프로그램이었습니다. 배우 김혜수 님이 난민들이 있는 곳에 직접 가서 그들의 생활을 보여주는 다큐멘터리였죠. 난민이라는 다소 생소했던 사람들, 우리나라의 지난 역사 속 이야기, 나와는 상관없는 아주 먼 나라의 일이라고 생각했던 것이 아주 가깝게 느껴졌어요. 그리고 죽음을 무릅쓰고 해협을 건너는 그들의 이야기를 통해서 마음속 깊은 곳에서 뭔가 모를 아픔과 동정심(compassion)이 자라났습니다. 그들의 아픔을 조금도 헤아릴 수 없지만, 춤을 통해서 그들과 연결되고 싶은 마음이었다고 해야 할까요.

음악의 장르는 '탱고', 주제는 '자유를 찾아 떠나는 사람들의 이야기'로 작품의 콘셉트가 정해지자 머릿속에서 장면들이 하나하나 그려지기 시작했습니다. 이번 작업은 생각만으로 작품의 시놉시스가 완성될 만큼 많은 이미지와 움직임의 영감이 떠올랐어요.

눈을 감고 조용히 첫 장면을 상상해봤습니다. 망망대해를 지나 미지의 세계로 떠나는 한 영혼의 이미지가 보였죠. 인간의 최소한의 존엄도 지키지 못하는 삶에 지치고, 벌거벗은 채 서 있는 듯한 무용수의 연약한 움직임, 멀리서 비추는 등대와 같은 조명, 그리고 끊임없이 이어지는 파도 소리가 작품의 첫 장면으로 그려졌습니다. 서서히 무대 위로 무용수들이 등장해 작은 배에 옹기종기 모여 있는 사람들의 모습을 그려내고, 험난한 바다와 사투를 벌이며 해협을 건너는 모습을 떠올리면서 움직임을 만들어갔어요. 내면의 고통과 삶의 애환을 몸짓으로 직접 표현해보며, 어떠한 무용수가 이 작품을 빛내줄 수 있을지 고민했습니다. 우선적으로 몰입도가 좋은 무용수 여덟 명을 캐스팅하고, 제가 상상한 움직임들을 함께 만들기 시작했습니다. 다큐멘터리를 보고 작품에 대한 이야기를 나누며 우리들의 표현이 다다를 곳을 명확하게 그려나갔습니다.

마지막으로 육지에 도착한 사람들의 기쁨과 환희에 찬 장면을 떠올리면서 무용수들에게 우리가 몸으로 박자를 만들어내자는 아이디어를 제시했죠. '3·3·2'로 구성된 탱고 고유 리듬을 활용해 손뼉을 치며 기쁨을 표현했던 난민들의 모습과 연결시켜 보고자 했습니다. 온몸을 두드리는 무용수의 몸짓이 기쁨의 춤이 되고, 탱고 음악의 박자로 표현되는 것을 상상하니 너무 기뻤어요. 이번 공연에서는 피아노와 첼로, 두 악기로 연주되기에 무용수가 몸으로 표현하는 음악이 타악기의 역할을 대변한다면 정말 멋진 조화를 이룰 거란 생각이 들었죠.

최종적으로 만들어진 장면에서 무용수들은 온몸이 부서질 듯 자신의 몸을 두드리며 춤을 추었습니다. 정말 아름다웠습니다. 그런데 그처럼 전심을 다해 표현해주는 무용수의 몸짓이 생각만큼 전달되지 않는다는 느낌과 함께 아쉬움이 남았습니다. 생명을 걸고 다다른 육지에서 표현하는 춤, 기쁨의 춤, 그 안에 담긴 애환의 춤, 이 모든 것을 모두 담아 표현하고 싶은데 그것이 흡족하게 드러나지 않은 것이죠. 하지만 무엇이 부족하고 무엇을 채워야 할지 감을 잡지 못했습니다.

그런데 그 정도에서 만족할까 했던 고민도 잠시뿐이었습니다. 제 기도가 하늘에 닿기라도 한 듯 카혼(Cajon)이란 타악기를 만나게 된 것입니다. 네모난 의자처럼 생긴 카혼은 페루와 쿠바 등 남아메리카로 끌려온 아프리카 출신의 노예들이 마음을 달래기 위해 만들었다고 해요. 악기가 만들어진 역사와 의미가 작품과 맞아 떨어지는 것은 예상치 못한 행운이었습니다. 무용수들이 몸을 두드리며 표현했던 장면이 몸과 악기를 함께 두드리는 장면으로 승화되자, 몸짓과 소리는 극대화되고, 기쁨과 슬픔의 감정이 뒤섞이며 전율을 느낄 수 있었습니다. 이렇게 탄생하게 된 〈Dance to the Liberty〉를 보고 누군가는 그동안의 작품과는 다른 차원의 세계관을 보여줬다고 평했습니다. 저에겐 놀라운 찬사와도 같은 표현이었기에 그분의 말씀에 정말 뿌듯함을 느꼈어요.

Dance to the Liberty….

자유를 향한 몸짓, 저로서는 가늠할 수 없는 수많은 이들의 고통을 춤으로 만들며 수없이 되뇐 것이 있습니다. 나의 작품으로 인해 그들의 아픔을 조금이나마 세상에 알리는 것과 언제쯤일지 알 수 없지만, 그들의 삶과 우리의 삶에도 진정한 자유가 허락되기를 바라는 마음입니다.

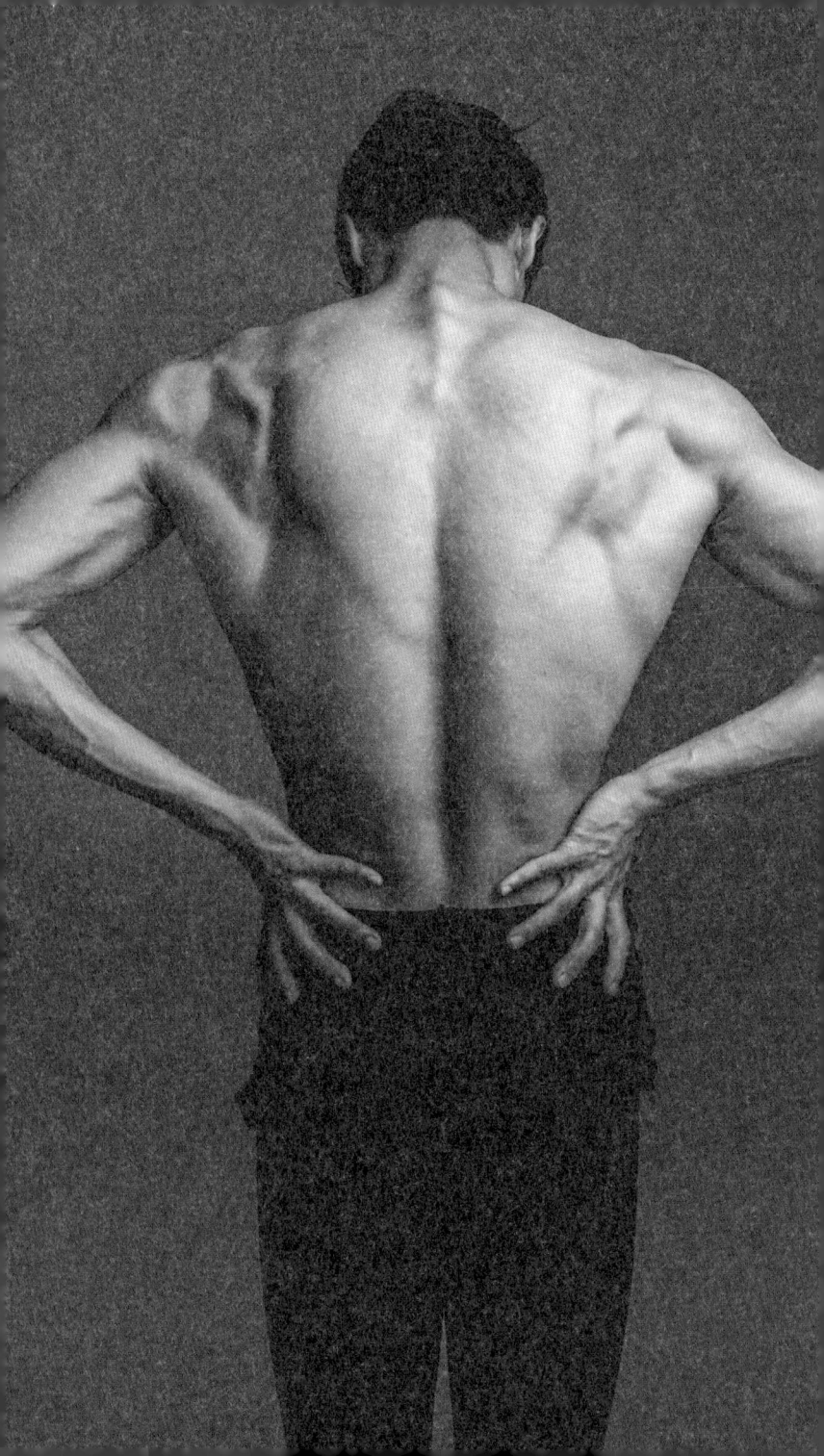

제6장

발레리노에게 묻고 답하다

Q. 발레리노로 사는 삶은 어떠했고, 앞으로의 계획은 무엇인가요?

스무 살의 열정만으로 달렸던 5년이 있었고, 그 후로 국립 발레단을 대표하는 발레리노가 되고 싶어 노력했던 5년이 있었습니다. 30대에는 주인공으로서 자신만의 색깔을 지닌 무대를 만들고 싶어 달려왔습니다. 그렇게 20년간 저에게 첫 번째 삶의 목표는 늘 발레였습니다.

이제 40대가 된 제게 가장 큰 변화는 한 가정을 이루고 인간이 할 수 있는 최고 창작 작품인 한 아이의 아빠가 되었다는 것입니다. 그동안 삶의 중심에는 내가 있었지만 그 자리에 내가 아닌 사랑하는 사람이 들어온다는 것은 예술관의 확장에도 큰 영향을 미치며 발레를 더 넓은 시각으로 바라볼 수 있게 해줍니다. 앞으로 이런 경험들을 후배들과 나누며 좋은 예술가, 무용가, 안무가가 되는 것이 목표입니다.

Q. 하루에 몇 시간이나 춤을 추세요?

무용수마다 리허설과 연습량이 다르지만 기본적인 발레단의 스케줄이 있습니다. 정해진 스케줄 이후에는 개인 연습을 하거나 보충 운동 또는 몸 관리를 받습니다.

[현재 일과표]
오전 10시 출근 운동, 스트레칭
  11시 클래스

오후 12시 15분 점심 시간

1시 15분 ~ 6시 리허설

입단 초기의 일과표를 찾아보니 짧은 발레 경력의 부족함을 채우기 위해 정말 온종일 발레만 했던 시기도 있었네요.

[입단 초기 일과표]

오전 5시 기상

7시 수영

8시 개인 연습

11시 발레단 클래스

오후 1시 ~ 6시 발레단 리허설

7시 ~ 9시 개인 연습

9시 ~ 10시 스트레칭 후 귀가

Q. 운동 선수는 운동을 잘하기 위해 웨이트 트레이닝를 많이 하잖아요. 발레리노도 따로 운동을 하나요?

신체를 사용하는 모든 스포츠와 예술의 영역에서 운동은 필수입니다. 부상을 방지하고 신체 능력을 제대로 수행하려면 근력을 강화하고 기초 체력도 단련해야 합니다. 무용수마다 발달되거나 그러지 못한 부분이 다르기 때문에 약점을 보완하는 운동은 발레 테크닉을 수행하는 데 있어서 매우 중요합니다.

제 경우 〈스파르타쿠스〉 공연 중 어깨 부상이 있었고 이후 어깨가 약해져 부상을 방지하기 위해 매일 어깨 운동으로 근력을 보강해야 리허설을 할 수 있습니다. 간혹 발레 클래스가 운동인데 왜 굳이 따로 운동을 해야 하냐는 질문을 받을 때가 있습니다. 좋은 공연을 위해 최상의 컨디션을 만드는 적절한 운동은 필수불가결한 요소입니다.

무용수들은 클래스 때 그날의 몸 상태를 체크하면서 에너지를 끌어 올리고 기본기를 가다듬습니다. 이 시간을 놓치면 하루 종일 리허설을 제대로 해낼 수 없어요. 기계에 기름칠을 하듯이 몸에 기름칠 하는 시간이라고 생각하면 됩니다. 반면 운동은 근력을 강화시켜 신체가 가지고 있는 능력을 최대로 끌어 올리고 고난도의 테크닉을 수행할 수 있도록 신체를 업데이트하는 과정이라고 할 수 있죠.

Q. 공연 직전 몸이 마음대로 안 움직여 당황한 적이 있다거나 또 그럴 때 마인드 컨트롤하는 방법이 있나요?

보통 발레리노들이 많이 겪는 고충이 있습니다. 늘 잘되던 아쌍블레 더블 삐루에뜨나 쏘 드 바스끄 삐루에뜨가 공연을 며칠 앞두고 갑자기 안 될 때가 있어요. 공연 시간에 쫓기면 마음이 조급해지고 아무리 많이 연습해도 실패를 거듭하면서 결국 패닉 상태에 빠지죠. 이럴 때 최고의 마인드 컨트롤은 연습뿐이지만, 그래도 해결이 안 되는 긴급한 상황에는 더 적합한 동작을 찾아 바꾸는 것을 추천합니다.

Q. 빠드두 동작 중 리프트가 제일 어려워 보이는데, 그것 말고도 어려웠던 동작이 있는지 궁금합니다.

빠드두에서 제일 어려운 것은 나에게 잘 맞는 성향과 신체 조건을 지닌 파트너를 만나는 것입니다. 파트너의 성향과 몸의 구조 그리고 호흡의 리듬은 정말 중요합니다. 나와 성격이 잘 맞으면 친한 친구가 되기도 하지만 나와 코드가 맞지 않는 사람은 친하게 지내기 어렵겠죠. 빠드두도 마찬가지입니다. 파트너와의 호흡이 잘 맞으면 어려운 동작도 쉽게 수행할 수 있어요. 하지만, 호흡이 잘 맞지 않으면 기본 동작도 어렵게 느껴져서 서로 진이 빠지기도 합니다.

Q. 발레를 소재로 한 영화나 연극 중 기억에 남는 작품이 있나요?

발레리노로서 발레를 다루는 영화나 작품은 언제나 흥미롭습니다. 감독마다 발레를 다르게 바라본다는 점이 저를 기분 좋게 자극하기도 하고 새로운 감정도 느낄 수 있게 해주거든요.

최근 발레 역사에 대해 공부하고 싶어 자료를 찾아보다 영화〈왕의 춤〉을 본 적이 있습니다. 발레가 부흥하던 시대의 고증이 잘돼 있고 객관적인 사실을 바탕으로 발레 역사를 공부하듯 볼 수 있어 추천하고 싶은 영화입니다.

발레를 소재로 다룬 다양한 콘텐츠들이 대중들에게 발레를 친숙하게 접근할 수 있는 기회를 제공해줘서 무척 기쁘게 생각하고 있습니다. 물론 가끔 발레의 수많은 모습 중 일부분만 과도하고 자극적으로 다룬 일부의 작품들도 있어서 아쉽게도 하지만요.

Q. 발레 하기를 잘했다고 느끼는 순간이나 후회되는 순간이 있나요?

발레는 제 인생에서 가장 잘 선택한 것 중 하나라고 생각합니다. 어릴 때 그리 주목받지 못한 삶을 살았고 커서도 평범한 인생을 살 거라고 생각했었어요. 하지만 발레는 저를 주인공으로 만들어주었고 제 인생에 풍요와 활력을 불어넣어줬습니다.

연습실, 댄스 플로어에 발을 올려 땅뒤를 할 때 느껴지는 설렘과 기분 좋은 긴장감, 그리고 음악에 맞춰 몸에 온전히 집중하며 일상을 잊고 꿈과 상상 속으로 늘 빠져듭니다. 작품 연습과 함께 흐르는 바흐, 차이콥스키, 프로코피예프, 드뷔시, 베토벤 등에 푹 빠져 지금도 가을이 되면 바흐를 들어야 하고, 겨울이 되면 차이콥스키를 기다리며, 설렘을 가져다주는 프로코피예프와 몽환적인 드뷔시를 즐겨 듣습니다. 이런 게 바로 발레의 매력이라고 생각합니다. 아름다운 음악과 함께 발레를 하다 보면 춤과 음악이 무의미해져요. 내가 음악이 되고 춤이 되는 것 같아요.

발레를 통해 저는 매일 아름다운 음악과 함께하는 클래스로 건강한 몸과 마음을 관리할 수 있었고, 무대 위의 공연으로 여러 가지 인생을 살 수 있었습니다. 전국 방방곡곡을 돌아다니며 한국의 아름다움을 느낄 수 있었고, 해외 공연을 통해 외국의 문화를 배우고 교류할 수 있었죠. 안무를 하며 창작의 기쁨도 만끽할 수 있었습니다. 이런 삶이 지금도 꿈처럼 느껴질 때가 있습니다.

저는 제가 발레를 시작한 것을 단 한순간도 후회해 본적이 없어요. 그보다 발레에 너무 빠져 살다 보니 세상과 단절돼 사회의 이슈와 어려운 서류 작업에 무지하고 어려움을 느끼는 저를 마주할 때가 있습니다. 그러고 보니 후회보다는 불편함을 느꼈다고 하는 것이 맞겠네요.

Q. 취미발레 시장이 커졌습니다. 오랫동안 무용수로서 지내셨는데 취미발레 분야를 어떻게 보시나요?

스포츠에는 비인기 종목이라는 것이 있죠. 발레를 하면서 남 이야기 같지 않을 때가 있었습니다. 그들과 늘 동질감을 느끼며 발레를 해왔어요. 그러나 요즘 들어 그런 말이 무색할 정도로 발레의 인기가 하루하루 높아지는 것을 느낍니다.

몇 해 전부터 많은 발레 공연이 매진될 만큼 사람들이 관심을 가져주시는데 이보다 행복한 일이 어디 있을까요? 취미발레인들의 관심과 사랑 덕분에 저 역시 발레하는 보람을 느낍니다. 이제 발레는 보는 것에서 직접 참여하는 예술로 진화하고 있는 것 같습니다. 이러한 열기가 일시적으로 끝나지 않고 오랫동안 올바르고 좋은 발레 문화로 이어지길 바랍니다.

그리고 누가 알아주지 않아도, 외로운 시간을 보내면서도 열심히 춤추며 발레 예술을 빛내준 선배님들이 있었기에 발레가 오늘날처럼 인기를 누릴 수 있게 됐다고 생각합니다. 많은 후배 발레리노들이 보다 좋은 환경에서 춤을 출 수 있게 노력을 기울인 선배들께 고마움을 느낍니다.

Q. 취미발레인에게 조언을 해주신다면?

'남과 비교하지 않고 나만의 춤을 추자.'

발레는 자신과 수없이 많은 밀당을 합니다. 어제는 잘되던 동작이 오늘은 안돼서 완성과 미완성을 수없이 반복하죠. 언제쯤 완벽하게 수행할지도 모릅니다. 발레는 계단식으로 성장한다고 말합니다. 성장하려면 누구라도 일정 기간 기다림이 필요하죠. 그래서 동작의 성공보다 과정의 연구를 즐겨야 합니다. 그리고 자신의 신체 구조와 맞는 자신만의 춤을 춰야 합니다.

바가노바 메소드를 배우러 러시아에 갔을 때 선생님이 이런 말씀을 하셨습니다. "발레는 원래 다리를 하늘만큼 높게 드는 것이 아니야. 그러나 실비 길렘(Sylvie Guillem) 이후로 모두들 따라 하며 실비 길렘의 상징적인 6시 자세를 만드는 것에만 목숨을 걸듯 발레를 하지. 사람마다 다른 신체 구조를 가지고 있는것을 기억하고, 골반과 상체가 비틀어지지 않게 하는 것이 중요해. 오로지 기교만 추구하는 순간, 발레 무용수는 기록을 위한 운동선수가 되는 거야" 라고요.

Q. 발레리노의 콩쿠르에 대한 의견이 있는지 궁금해요.

콩쿠르가 무용수에게 끼치는 긍정적인 영향이 있습니다. 기술적인 발전이죠. 저 또한 군 복무를 대체하기 위해 콩쿠르에 나가며 기술적 발전을 많이 이뤘습니다. 하지만 발레는 예술적 표현으로 자기의 생각을 담아내는 역량을 키워야 하는 예술입니다. 기본기를 무시한 채 오로지 작품만을 연습하거나 발레 연습 과정에 대한 진지한 성찰 없이 결과만을 쫓다 보면 어린 발레리노들이 예술성보다 기교만을 좇게 됩니다. 좋은 발레에 대한 조건을 잘못 알게 되는 것이죠. 이는 예술에 대한 진지한 마음과 사고를 짧게 만들 수 있습니다. 현재 이런 성과 위주의 교육을 하는 곳이 많습니다. 안타까운 현실이죠.

Q. 발레리노와 모델의 신체는 어떻게 다를까요?

모델이 옷에 잘 어울리는 신체를 지녀야 한다면, 발레리노는 춤에 어울리는 신체를 지녀야 합니다. 둘 다 무대에서 아름다운 움직임을 표현하기 위한 신체라는 공통점은 있지만, 움직임의 본질에서 차이가 있습니다.

모델은 포즈를 취하기 위해 몸을 가꾸지만, 발레 무용수는 춤이라는 기능을 위해 몸을 가꾸기 때문에 몸을 만드는 지향성이 다릅니다. 또 작품마다 안무가가 원하는 움직임의 스타일이 다르고 그로 인해 근육을 사용하는 방식이 다릅니다. 그래서 같은 발레라도 컨템포러리 발레단과 클래식 발레단의 무용수의 신체는 다릅니다.

발레단에 처음 입단해 매일 근육통이 생기는 것을 보며 깨달았습니다. 이것이 바로 발레의 성장통이라고요. 하지만 그러한 통증마저도 매력적인 것이 바로 발레가 아닐까 생각합니다.

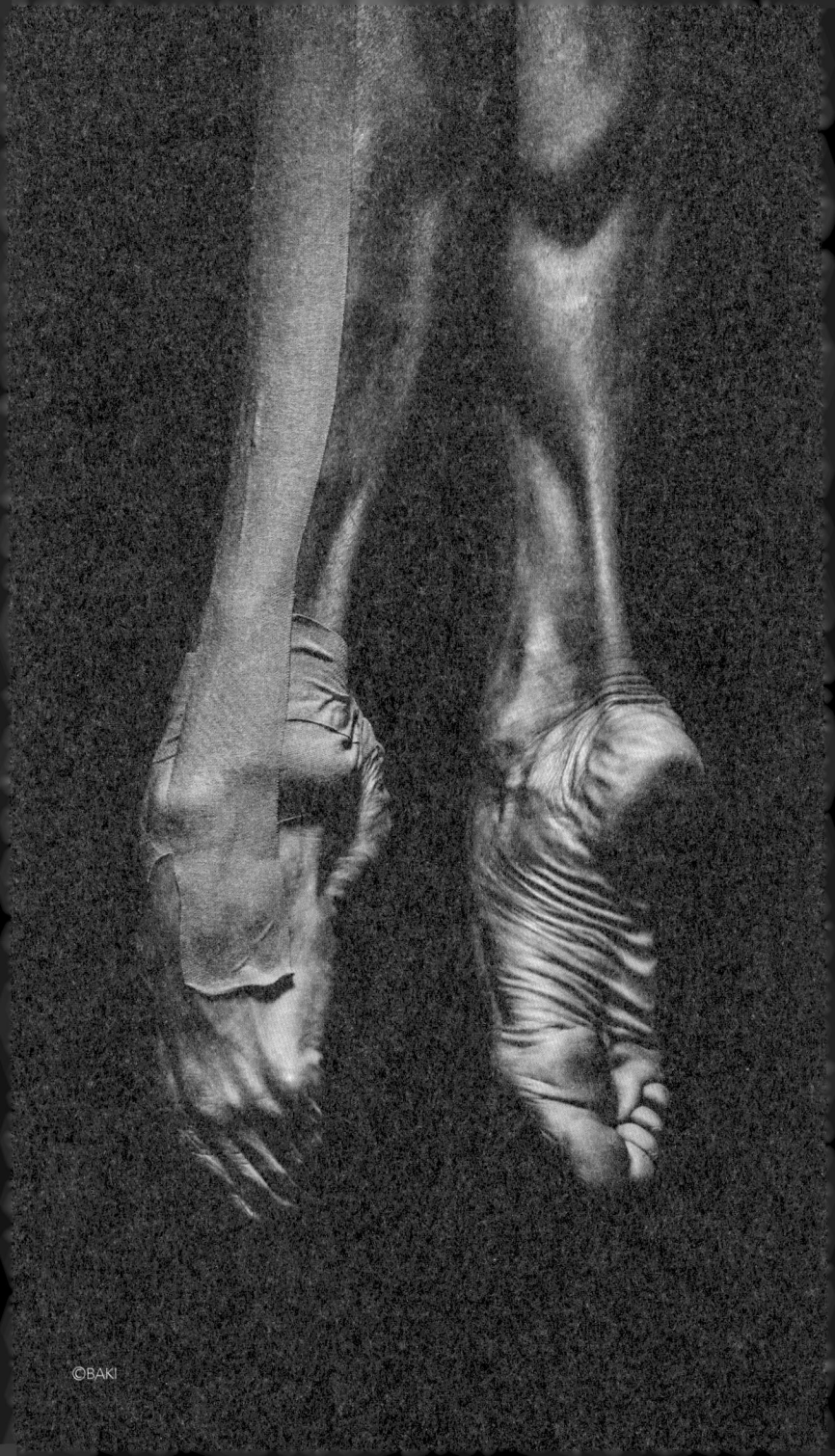

내려놓음

이 단어의 의미가 무엇인지 잘 알고 있습니다.
그리고 이제는 때가 이르렀다는 것 또한 잘 알고 있습니다.

'끝'에는 어떤 힘이 있는 것 같습니다.
지난 시간을 더욱 선명히 떠오르게 하는 힘 말이죠.

지나온 발자취가 찰나의 시간처럼 느껴집니다.
하룻밤 깊고 행복한 꿈을 꾼 것 같은데 벌써 무대를 내려가야 하는 시간이 왔네요.

인생에서 발레를 만나며, 이전에는 감히 상상도 못 한 영광을 누리며 살았습니다. 국립 발레단 수석무용수 이영철로 수많은 무대의 주인공이 되어 살았습니다. 많은 사람들에게 박수를 받고, 사랑도 받았습니다. 훌륭한 선생님들과 동료들을 만나 좋은 가르침도 받았습니다.

모든 것이 제 것이라 여기며 살았던 것들이 영원한 것이 아님을

깨닫기까지 오랜 시간이 걸린 것 같습니다. 그래서 그 순간들이 더욱

소중하게 기억되나 봅니다.

이제는 내려와야 할 때임을 직감했던 순간,

그 변곡점 위에서 내려가기를 준비하며 마주해야 했던

많은 일이 떠오릅니다.

늘 함께했던 역할과의 이별은 아쉬움의 의미를 정확하게

알려주었고, 그로 인한 외로움이 무엇인지도 알려주었습니다.

누구에게도 토로할 수 없었던 심정을 가슴에 묻고 묻으니,

마음에도 굳은살이 생기는 것처럼 조금씩 견딜만 해졌습니다.

시간이 지나니 웃을 수 있는 여유도 생겼죠.

아쉬움은 지금도 여전합니다. 내려놓음에 대한 아쉬움이 아닌

찬란하게 꿈꾸었던 그 시절에 대한 아쉬움입니다. 많은 사람들이

겪는 지난날에 대한 그리움 같은 것입니다. 저와 비슷한 길을 걷는 후배 무용수들에게 이 말을 꼭 해주고 싶습니다. 나와 같은 변곡점 위에서 마음이 어려울 때를 마주한다면, 넉넉하게 이겨내길 바란다고 이야기 하고 싶습니다. 그리고 나를 찾아오라고, 마음을 풀어놓고 가라고, 작은 마음이나마 나도 그랬었다고, 그런 시절이 있었다고 이야기해주겠습니다.

저는 앞으로 더 좋은 무용가가 되리라 다짐합니다.
그리고 저를 아껴주고 사랑해주신 분들을 위해서라도 더 좋은 춤으로 보답하는 무용가가 되리라 다짐합니다.

참 행복했습니다.
그리고 감사했습니다.

마지막 장

마지막 장을 앞두고 밀려오는 여러 생각으로 한참을 머뭇거리게 됩니다. 제가 써 내려간 글들이 교만하진 않았는지, 또 지나치리만큼 겸손하진 않았는지, 부족한 경험을 글로 나누는 것이 독자들에게 불편한 마음이 들게 하진 않았는지…. 마지막이란 시원함보다는 아쉬운 마음과 죄송스러운 마음이 드는 것은 왜일까요? 처음으로 써보는 글이기에 더욱더 조심스레 지난 시간을 돌이켜보게 됩니다.

책을 쓰는 도전은 저에게 쉽지 않은 여정이었습니다. 컴퓨터 앞에 몇 시간씩 앉아 한 줄도 채 못 쓰고 하염없이 흘려보낸 시간들, 다음 날까지는 채워야 할 챕터들, 여러 가지 아이디어를 머릿속에 가득 담고 잠을 청하지만, 결국 뜬 눈으로 밤을 지새운 나날들. 참으로 어려웠지만 무엇이든 처음은 힘들다는 것을 알기에 그저 이겨내고 참아내며 써 내려간 글 속에서 저는 많은 것을 느끼고 배웠습니다. 그리고 어느 순간부터는 이 시간을 무척 즐길 수 있을 만큼의 성장도 경험했죠.

감사한 분들이 떠오릅니다.
저에게 이런 무모한 도전을 할 수 있도록 가능성을 열어준 우리의 선장 플로어웍스 윤지영 대표님. 그리고 언제나 함께 으샤으

쌰 하자며 저에게 용기를 북돋아주신《발레 음악 산책》저자 김지현 발레피아니스트,《올바른 발레 용어》저자 이유라 님, 이미라 님,《발레 작품의 세계》저자이자 저에게 좋은 아이디어를 아낌없이 부어준 한지영 님 그리고 포토그래퍼 김윤식 님, 삽화가 임이랑 님과 이린 님.《더 발레 클래스 시리즈》필진인 우리 모두의 멋진 에너지와 팀워크가 있었기에 지금의 마지막 장을 쓸 수 있지 않나 싶습니다.

또, 이 책에 녹아 있는 발레리노로서의 삶을 더욱 빛나게 해주고, 지금까지 그 자리를 지켜주시며 응원해주시는 네 명의 팬분들, 도아 씨, 수연 씨, 은영 씨, 해빈 씨. 제가 지금까지 이렇게 춤출 수 있었던 수많은 이유 중 정말 소중한 이유를 만들어준 이분들이 계시기에 이렇게 값진 도전을 할 수 있었습니다.

마지막으로,
이 책의 집필을 시작하며 기다렸던 제 딸이 탈고와 더불어 탄생하게 됐습니다. 생명의 탄생이 가져다주는 진정한 행복과 기쁨이 무엇인지, 사랑의 의미와 가치에 대해서 몸속 깊이 느끼고 있는 지금. 이 책의 마지막 장을 쓸 수 있음에 참으로 기쁩니다. 집필의 시작부터 마지막까지 함께 고민해주고, 늘 제가 걷는 길이 가치 있게 여겨질 수 있도록 지지해주는 나의 아내 혜림에게 고맙다는 말로 마무리를 지어볼까 합니다.

고맙습니다.
발레리노 이영철 씀

더발레클래스 4
발레리노 이야기

초판 1쇄 발행 2021년 1월 21일

지은이 이영철	펴낸이 윤지영	주소 06232 서울시 강남구 강남대로 382 18층
사진 김윤식	편집 윤지영	전화 02-3453-8280
디자인 로컬앤드	교정 김승규	팩스 02-6949-5418
	펴낸곳 플로어웍스	홈페이지 floorworx.net
	출판등록 2019년 1월 14일	인스타그램 @floorworx_publishing

ⓒ이영철, 2021

ISBN
979-11-969997-4-2 03680

이 도서의 국립중앙도서관 출판예정도서목록(CIP)은
서지정보유통지원시스템 홈페이지(http://seoji.nl.go.kr)와
국가자료종합목록 구축시스템(http://kolis-net.nl.go.kr)에서 이용하실 수 있습니다.
(CIP제어번호 : CIP2020053550)

※이 책은 저작권법에 따라 보호받는 저작물이므로 저작권자와 출판사의 허락 없이
   이 책의 내용을 복제하거나 다른 용도로 쓸 수 없습니다.
※책값은 뒤표지에 있습니다. 잘못된 책은 구입한 곳에서 교환해 드립니다.